PHP
Business Shinsho

IGPI流

DXのリアル・ノウハウ

Kazuhiko Toyama
冨山 和彦
Aiko Mochizuki
望月 愛子

PHPビジネス新書

序——万人のためのＤＸ経営リアル・ノウハウ

❖世はＤＸブームだが……

最近、デジタルトランスフォーメーション、略してＤＸという言葉を耳にしない、目にしない日はないと言っていいほどのＤＸブームである。しかし、私たちは、そこで流行に乗って一過性のリアル・ノウハウ本を書く気はさらさらない。

そもそもデジタル技術による業務、経営、産業にわたる大きな変化、それを「経営」できたか否かによる顕著な栄枯盛衰の歴史は１９８０年代から始まった。その影響範囲は90年代のインターネット革命、モバイル革命で一気に広がり、ここに来てＡＩ／ＩｏＴ／ビッグデータの時代になって、ほとんどの産業を覆いつくすほどのインパクトを持ち始めている。すなわちＤＸという概念は必ずしも新しいものではなく、過去、現在、未来にわたり経営の根幹に関わる重要な概念なのだ。

ＤＸとそこから派生する大きな産業構造の変化（インダストリアルトランスフォーメーション：ＩＸ）に対応して経営と会社のカタチの根本に関わる改造・創造（コーポレートトランスフォーメーション：ＣＸ）を的確に行うことは、今後、大企業から中堅・中小企業、スタートアップに至るまで、あらゆる企業経営において普遍的な重要性を持つ。すなわち腐らない「リアル・ノウハウ」たり得るので、私たち二人は、ＤＸまわりの豊富な「経営」経験、ＣＸ経験を持つＩＧＰＩグループを代表して、本書を執筆することにした。

❖万人のためのＤＸ経営入門

筆者の一人である冨山は、今までもＤＸや破壊的イノベーションに関連して何冊かの著書、『ＡＩ経営で会社は甦る』『社長の条件』『コーポレート・トランスフォーメーション』『ＤＸの思考法』（文藝春秋）、『両利きの経営』（東洋経済新報社）を執筆、共著あるいは解説・推薦してきた。これらがどちらかと言うと経営リーダー層を対象としているのに対し、本書は言わば「万人のためのＤＸ実践ノウハウ本」である。

ＤＸとひと言で言っても、その意味合いは非常に幅広い。業務レベルのＤＸの話もあれば、それこそ「第４次産業革命」のように大きな意味合いで使われるＤＸ、すなわちデジタル革命と同義で使われている場合もある。

しかし、どんなに壮大なDX産業革命論も、多くの小さなDX的活動の積分の上に成り立っている。企業の最前線、現場やミドル層の皆さんにとっては、まずは身近なDXの実践が出発点となるので、執筆にあたり日々の業務活動、経営行動の中で地に足が着いた具体性のある、それでいてDXの重要性の本質を捉えた経営実践の方法論に重点を置くこととした。

特に、もう一人の筆者である望月は、大手通信会社主導によるわが国最初のスタートアップアクセラレーターの立ち上げの実務支援をハンズオンで行うなど、大企業によるDX系のイノベーション支援や、大学や国立研究開発法人の産学連携推進、さらにはスタートアップそのものの支援にも数多く携わり、大きな実績を上げてきた。大組織から小さなベンチャーまで、DXやオープンイノベーションの最前線で頑張る若者たちからは、厳しくも優しい「姉貴分」として頼りにされている。本書では、そうした経験から蓄積された経営現場密着型のリアル・ノウハウを可能な限り紹介している。

だから、ややこしい技術の話、プログラム言語の話、ハイブロウな産業論、社会論の話などはほとんど出てこない。あくまでも日常のビジネスや経営において役に立つ経営的エッセンスに焦点を当てている。デジタル技術のバックグラウンドや産業組織論的な知見は予習科目的にまったく不要である。

もっと言えば、ＤＸを実践するうえで多くのビジネスパーソン、さらには経営者にとってさえ、そのような知識や能力は必須ではない。

もちろんそうした能力を持つ人材を使いこなすことは重要であるし、直接間接にデジタル技術とそこから生まれる新しい機能やサービスを安く使い倒す、あるいはそれを取り込んで新しいビジネスモデルを構築することはまさにＤＸ経営の核心ではある。

しかし、今やデジタル技術の進化は凄まじく、特にＡＩの発達で技術とユーザーの間のインターフェースは劇的に発達し、ほとんどの操作は直感的に行えるようになりつつある。しかも、多くの最新技術はクラウドという誰でもアクセスできるサイバー空間にオープンに存在し、日々、質・量ともに豊かになりアップデートされている。

ほとんどのビジネスパーソン、経営者にとって、それをどう開発するかよりも、日進月歩の変化状況を捉えながらそれをどう使いこなすかのほうが重要な時代に入っているのだ。

❖SIS、マルチメディア、ユビキタス、ICTそしてDX？

今から思えばデジタル革命が猛威を振るい始めた1980年代から、コンピュータまわり、デジタルまわりではいろいろなバズワードが飛び交ってきた。SIS（戦略的情報システム）、マルチメディア、3G、ユビキタス、ERP、ICT……。こうした言葉が注目されるたび、関係するコンピュータベンダー、システムコンサルティングあるいは戦略コンサルティング会社はそれをネタにいろいろなプロジェクトを企業に売り込み、メディアもこれこそが新しい時代の経営キーワードとばかりにお祭り騒ぎを行ってきた。

もちろんそれぞれの背景には技術的ブレークスルーや新たなサービスの登場があり、日本企業もその一部を取り込んで業務改善や合理化を行ってきた。しかし、視点を広く世界に広げると、お祭り騒ぎのたびにデジタル革命が起こす産業構造やビジネスモデルの大きな変容への対応に後れを取り、世界経済の中でのプレゼンスを落としてきたのが、この間における日本企業の大宗の姿である。

要はそうした流行《はや》り言葉を取り入れた経営方針を打ち出すことやプロジェクトを起こす

ことが自己目的化してしまい、ＤＸが進展することが事業構造、競争メカニズムにもたらす大きな変化の本質にあまり目が行かなかった。あるいは目が行ったとしてもそれに対応する組織能力の抜本的な補強、それも既存人材の大幅入れ替えさえも躊躇《ちゅうちょ》しない大胆な対応、すなわちＣＸまでの踏み込みができなかったのである。

ここまで追い詰められ、かつＡＩ／ＩｏＴ／ビッグデータ時代の到来にコロナ禍が重なったことでＤＸが拡大加速する中、今回こそは真の意味で適時的確な経営行動を全社的に取れなければ、本当に日本企業、日本経済は厳しい状況になると私たちは考えている。

経営レベル、全社レベルでこの問題にどう対処すべきかについては、冨山の近著『コーポレート・トランスフォーメーション』（文藝春秋）に詳しく書いたが、その実行段階でより重要なのは、現場が、社員の一人ひとりが、ＤＸの意味を正しく理解し、それを実践、実装するために適時的確に自らの能力、行動を変容、対応できるか否かである。そこまで来て初めて、ＤＸ経営は正しい経営判断と正しい実行が掛け算となって経営的な成果に結びつく。そして今回は企業の生死、事業の生死をかけて成果に結びつけなくてはならないのだ。

❖本丸科目としてＤＸに踏み出そう

経営概念、業務概念としてＤＸを正しくかつ手触り感をもって理解し習得していることは、簿記会計や企業財務、競争戦略、マーケティングなどと並んで、すべてのビジネスパーソンにとって、本丸科目、必須科目である。

くどいようだが、これは例えばＰｙｔｈｏｎを使ってＡＩ系のプログラミングができるようになれ、と言っているわけではない。ＡＩに関して言えば、今どきのＡＩに経営上、何ができて何ができないか、商品やサービスへのＡＩ実装を自前でやるか外部資源を使うか、そもそも何もやらないかを、コストとベネフィットの見合い、競争領域と協調領域の見合いで判断できる能力を持てということである。

どの時代もそうだが、経営は数学的に突き詰めると、「売上－コスト＝利益」という四則演算の算数で成り立っている。だから高等数学ができなくても経営はできる。ただ、この計算式の構成要素が少々ややこしい技術や難しい数式が支配するメカニズムで決まる場合があるということだ。

しかし、その技術の中身を自ら生み出す必要はないし、高等数学を解ける人が経営に成功するわけではない。技術やそういう人材を使いこなして上記の四則演算の数式に還元できる人が経営で成功する。

そして、使える技術や人材は先端的であればあるほどどんどん移ろっていく。だから数式への還元のやり方、すなわち事業戦略や事業モデルの転換、組み替えは不断に行わなければならない。これはＤＸまわりも同じである。

本書を通じて、トップ層であれ、ミドル層であれ、現場であれ、ＤＸに関わる様々な要素や変化を経営的に正しく理解するリテラシー、経営的な言語能力を身につけ、ＤＸに踏み出していこうではないか！

２０２１年６月

冨山和彦／望月愛子

DXのリアル・ノウハウ

目次

CHAPTER 1

そもそも「DX」とは何か？

CHAPTER 2

DXは「スタート」で決まる

CHAPTER 3 DX推進のリアル・ノウハウ

CHAPTER 4

なぜ、御社のDXは進まないのか——企業の改革を妨げるもの

CHAPTER 5 DXで「壮大な未来」を描く

CHAPTER-1

そもそも「DX」とは何か？

ダイアログ1

「わが社もついに本格的にDXを?」

(某月某日・社内の廊下にて)

人事担当役員「A君、今朝の経営会議で社長から『わが社もそろそろ真面目にDXを進めていかないとまずい』という話になった。君が中心になってちょっと検討してもらえないか」

A君「え、DXって、あの『デジタルトランスフォーメーション』ってやつですか? 具体的にどんなことをやろうとしているんですか」

人事担当役員「うーん、具体的にはまだよくわからんけど、とにかく本腰を入れたほうがいいんじゃないかという話になっているんだよ。最近ネット記事でもDXがどうとか見かけるじゃないか。あの辺の会社に2、3社連絡して、何か役立ちそうなツールがあるかどうかをまず出してもらえばいいんじゃないか？　あ、あとは書店でDX関連の本を数冊買って、使えそうな事例をピックアップしておいてもらえないかな。できれば来月の経営会議で報告したいんだ」

A君「はあ、わかりました……」（そんなんで本当にいいのか？）

ＤＸの本質とは「デジタルで変わること」

――単なる「バズワード」で終わらせないために

❖新たなバズワードとしてのデジタルトランスフォーメーション（ＤＸ）

「デジタルトランスフォーメーション（ＤＸ）」という言葉が、今や毎日のように見かける一種の「バズワード」となっていることは冒頭で述べた通りだが、ＤＸとはそもそも何なのだろうか。

こうしたバズワードは、必ずしも最近生まれた言葉でないことも多いが、ＤＸもその概念の提唱は15年以上も前の２００４年にさかのぼり、当時スウェーデンのウメオ大学に在籍していたエリック・ストルターマン氏が、論文の中で〝The digital transformation can be understood as the changes that the digital technology causes or influences in all aspects of human life.〟（デジタルトランスフォーメーションとは、人間の生活のあらゆる側面において、デジタルテクノロジーにより、あるいはその影響によってもたらされる変化のことだと理解できる）と定義したことに始まる。
最初の定義に厳密である必要はまったくないが、要はデジタルで変わっていくことが広くDXと言えよう。**「デジタル」で「変わる」がキーワードである。**

ちなみに、一般的に「DX」として取り上げられることが多いのは、アナログなデータをデジタル化するといった基本的なことから、AIやIoTの導入、あるいはブロックチェーンやVR（仮想現実）・AR（拡張現実）の活用、はたまた自動運転や遠隔操作まで様々なものがあるが、どれもひと言で言えば「デジタルで変わる」という言葉に集約される。

DXが、新たなバズワードとして登場頻度を上げてきたのは2019年あたりであるが、こうしたバズワードはいつの時代にも必ず存在する。

少し前で言えば、AI（Artificial Intelligence：人工知能）やIoT（Internet of Things：モノのインターネット）はバズワードの代表格であった。AIは2021年の今もなお、そして今後も永久に発展していくものであるし、IoTについても、5Gの登場など通信環境の進化とも相俟《あいま》って、人間を介さない情報交換や相互制御の仕組みは確実に進みつつある。情報技術そのものであるＩＴ（Information Technology：情報技術）や、技術を使って人とインターネット、あるいは人同士が繋がるＩＣＴ（Information and Communication Technology：情報通信技術）をうっかりＩｏＴと言ってしまっているような少し前の時代からは、明らかに状況が異なってきている。

それにもかかわらずなのか、それだからなのかはわからないが、ＡＩやＩｏＴといったワードが、大企業各社の資料に便利な「ふりかけ」としてのみ登場する機会は激減している。それに代わる新たなふりかけになっているのがＤＸであるが、ＤＸは技術でも仕組みでもなく、「デジタルで変わる」ことのすべてを広く指す。よって、ＤＸの及ぶ範囲はＡＩやＩｏＴよりも広く、ＡＩの活用やＩｏＴの仕組みを実現することもＤＸの一環である。

過去のバズワードたるＡＩやＩｏＴについても、何らかの検討まではしたという企業が大半だろう。もちろん、納得感ある対応ができた企業もある一方で、ぼんやり「そういえばあれ、どうなったのかなあ」と思い出の彼方に去ってしまっている企業も多いだろう。

バズワード仲間と考えれば、ＤＸも同じような道をたどってしまうのだろうか。技術や仕組みの一つにとどまらない「デジタルで変わる」という大きな問いについても、果たしてそんなことでよいのだろうか。

❖デジタルなくして、変化に対応するのは不可能

２０２０年のコロナショックを受けて、予測し得ない大きな変化が唐突に私たちの将来に起こり得るということを、人々は認識させられた。

世界が1年後、5年後、50年後にどう変わっていくかの正解は神様にしかわからない。ただ、どんな未来においても、例えば人口動態の変化、つまり日本で言えば人口減少が起きることは明確であり、また顧客が対価を支払ってくれる付加価値を生み出し続けなければ、つまりは選ばれる売上を作り続けられなければ、企業は存続し得ないことも明確である。

この前提はコロナショックが起きたからどうこうということではない。国内外を問わず顧客にも従業員にも選ばれる会社であること、付加価値を生み出し続けるためのヒト・カネのリソースを有していること、そうしたヒト・カネのリソースを捻出するための弛《たゆ》まぬ生産性向上を行っていること、つまりは新しい働き方、生き方、稼ぎ方を常に追求していけるような存在でなければ、会社としての持続性はない。

そして、その**新しい働き方、生き方、稼ぎ方の実現を支えてくれる重要なカギがデジタルである**。

デジタルとは、ＡＩやＩｏＴといったキラキラした最先端の取り組みのみではない。情報のデータ化や書類の電子化も、やはりデジタルである。遠隔地からロボットを動かしたり、大量のデータから何かを予測したりするようなものだけではなく、多くの読者に身近と思われるペーパーレスやリモートワークも、なぜそれが可能になったかを考えれば、そこにはデジタルというキーワードは欠かせない。それだけで終わってしまってはいけないとはいえ、実践を一歩踏み出すという意味ではペーパーレスやリモートワークも重要なＤＸの一つなのである。

なお、自分たちがデジタル化したいかどうかにかかわらず、世の中のデジタル化は進んでいく。いつの時代も産業破壊というイベントは避けられない。以前、「２０１１年度にアメリカの小学校に入学した子供たちの65％は、大学卒業時に今は存在していない職業に就く」という予測が世間を賑わせたが、デジタルという武器の活用によって、事業環境の変化はより一層予想し得ない水準と速度で起こるだろう。その際にデジタルへのリテラシーを自分なりに有していることは、変化を受け入れるための必須条件であるとともに精神安定剤でもあり、そうした人材が社内に多いことは、会社の組織力を高めることとなる。

デジタルと向き合っていくことは、これからの時代を生きていく人たちのライフワークとなっていくだろう。

❖「ツールの導入」イコールDXではない

昨今、いわゆる「DXツール」の広告や宣伝を見ない日はない。「業務改善ツール」「データ解析ツール」「経理自動化ソフト」といった日々の業務に紐《ひも》づくものから、「データ統合プラットフォーム」といったすごそうだが何だかよくわからないものまで、様々な情報が私たちのまわりには溢れている。

ただ、ここで考えてもらいたいのは、技術やツールだけがあればDXは実現できるのだろうか、ということだ。

もちろん最初の取りかかりは、いわゆる「業務改善ツール」「データ解析ツール」などを導入することで始められるかもしれない。ただ、それを「使ってみる」というだけでなく、「最適」に活用して、気持ちよく働くという形に進化させていくためには、不要な業務をやめることも含めて、業務のやり方自体を見直していかないことには、例えばペーパーレスやリモートワーク一つをとっても目指すべき姿の実現にはたどり着かない。現状をデジタル化して終了ではなく、より良いペーパーレスなり、リモートワークなりを私たちは実現していく必要があるし、実現することが自らのメリットともなるはずである。

また、業務改善やデータ解析の結果として、より良い付加価値を顧客に提供できなければ、これまたＤＸの効果は半減である。

少なくとも、システム会社やコンサルティング会社が武器商人の顔で売り歩く武器（ツール）を買えばＤＸが実現する、ということではないのは明らかだ。彼らは「とりあえずこのシステムを導入してみましょう」「このシステムを入れれば安心です」「ツールの数はとにかくたくさんあったほうがいいです」「大人数で取り組まないと乗り遅れます」などと説いて回っているが、自ら使いこなせる、かつ使う場所に適した武器でなければ、買った意味はまったくない。

もちろん武器商人からのアドバイスは有用なことも多いが、勧められた武器を購入してから「さて、どこで使おうか」と考えるという、謎の「武器オリエンテッド」になることだけはくれぐれも避けるべきである。

❖DXは「長きにわたる航海」

つまりDXは、単に技術やツールを当てはめればすぐに完成するものではなく、そもそもの業務や実現したいことの最適なオペレーションやアウトプットとは何かを明確にしたうえで、それをデジタルの力を使って実現していくものなのだ。

単純な例を挙げれば、ハンコ文化を巡る話題が一時期メディアを賑わせたが、ハンコで決裁を回していた書類をPCの画面上だけですませられるようになった、ということをもってDXが終わるわけではない。「なぜこの段階でこのハンコが必要なのか」「それぞれのハンコをもらう意味は何なのか」というそもそも論も含めて議論し、会社の意思決定システムのあり方そのものを見直したうえでデジタル対応に至らなければ、真のトランスフォーメーションとは言えない。

すなわちDXに関わる施策の一部はツールの導入などにより短期間で実現できるとしても、真のDXの実現は長い道のりであり、AIやIoTを含むデジタルという武器を味方にしながら、マラソンのごとく、へこたれずに走り続けていく必要がある。

武器たるデジタル技術もどんどん進歩していくことは確実で、武器の選択肢が変われば走り方やスピードも変わるであろうし、走る道路自体が整備されていくこともあるだろう。

ＤＸは期間限定イベントではなく、長きにわたる航海なのである。

いわゆる「DX」には何が含まれるのか？

――「何を使うか」より「何に使うか」

❖DXの技術・ツールを概観する

DXとは「デジタル」で「変わる」ことだと述べた。DXの概念は極めて広く、AIやIoTといったものもDXの中に含まれることになる。

では、他にどんなものがDXの中に含まれるのか。ここでは用語解説も兼ねて、DXにおいて言及されることの多い技術や分野について、ざっと取り上げていきたい。

ちなみに本書の各所に、「悪魔の辞典」と称した「リアルなDX用語集」を載せている。ここに掲載した「一般的な用語解説」とぜひ、比べてみてほしい。

❖データのデジタル化、ビッグデータ解析

DXの入り口として着手されることが多いのが、いわゆる「データのデジタル化」だ。

今まで手書きで棚に保管していたようなデータをデジタル化し、誰でも、どこでも見られるようにする。非常に単純なことであるが、これもDXの入り口として極めて重要なことだ。

その先にあるのが、いわゆる「社内に埋もれたデータを活用しましょう」というものである。顧客データを使ってMA（マーケティングオートメーション）を回していったり、工場の稼働状況を分析して最適な生産体制を整えたりする、といった活動である。

そのさらに先にあるのがいわゆる「ビッグデータ解析」で、コンピュータの処理速度や通信環境の発達により可能となった、今までは扱うことができなかったほどの巨大で複雑なデータの解析を指すが、正直な話、多くの企業ではビッグデータどころか、エクセルで分析できるようなデータから始めるだけでも、その活用方法はいくらでもあるだろう。

いわゆる「データサイエンティスト」が活躍するのもこの分野だ。

❖IoT

IoT（Internet of Things）は「モノのインターネット」と訳される。人を介することなくさまざまなモノがインターネットに繋がることで、遠隔操作が可能になったり、情報のモニタリングが可能になったりする。センサーや通信チップの小型化・低コスト化により、あらゆるものとインターネットとの接続が可能になってきている。

例えば昨今はスマホで遠隔操作できるエアコンや録画機が増えているが、これはまさにＩｏＴだ。家の中のものをすべてＩＴで制御する「スマートハウス」も、このＩｏＴの技術を活用したものだ。

他にも、ＧＰＳと組み合わせることでバスがいつ、どこに到着するかがわかる「バスロケーションシステム」や、リストバンド状の端末を身につけて自分の健康状態をモニタリングするフィットビットなどの「ウェアラブル端末」もまた、ＩｏＴの技術によるものである。

製造業では、機械をインターネットに繋ぐことで、遠隔操作や稼働状況のモニタリングを行うというＤＸ化がよく行われている。今まで感覚に頼っていた稼働状況を正確に把握することで、生産の効率化や早期の異常検知が可能になるなどのメリットがある。

❖ＡＩ

まさに昨今の最大のバズワードと言えるのがＡＩだ。「Artificial Intelligence」の略であり、「人工知能」と訳される。

その活用範囲は多岐にわたるが、単に指示通りのタスクをこなすだけでなく、蓄積から学習してより精度を高めていけるというのがポイントだ。

例えば「メルカリ」ではＡＩを使って出品物を自動的に仕分けするシステムを導入している。出品者がアップした画像に関して、過去のデータを参照しながら、「これはバッグである」「これはコートである」などと自動的に仕分けを行うことで、出品者は自分で商品カテゴリを入力する手間が省けるようになる。また、これを繰り返すことによって、分析の精度も徐々に高まっていく。

他にも、エコー検査の画像をＡＩに分析させることで、医師の診断を支援して病気の兆候をいち早く見出したり、需要予測を踏まえて最適な価格設定を自動的に行ったり（ダイナミックプライシング）、問い合わせが多い質問に自動で答えたりといったさまざまな活用がなされている。

しかし、ＡＩは何でもやってくれる「魔法の杖」ではない。「ＡＩに何をやらせたいか」が明確でなければ活用は不可能だ。

❖RPA

「Robotic Process Automation」の略。ロボットプログラムによる作業自動化技術などと訳される。普段、我々が行っているようなPCによる事務作業を自動化してくれるというものだ。

例えば、毎日営業パーソンからメールやエクセルで送られてくる注文票を、アシスタントが社内の別の注文処理システムに入力していたとすれば、RPAを活用することでその一連の作業をロボットが自動的に行ってくれるようになる。定型的な業務を自動化するのに威力を発揮する。

RPAの成功例としては、三井住友フィナンシャルグループの例が有名だ。例えば、以前は手作業で行っていた顧客向け運用リポート作成へのRPAの活用である。これはロボットが事前に訪問予定の顧客情報を洗い出し、その顧客が運用する商品の最新情報を収集し、自動でレポートを作成するというもので、営業担当者はそのロボットが作成したレポートを確認するだけですみ、作業時間は8割削減されたという（出典：『日経クロステック』）。

ちなみに銀行各社はどこも今、人員の最適配置が大きな課題になっている。フィンテックが進む中、いつまでも単純業務に人を割いている状況ではない。しかし、銀行業務は正確性が求められる。だからこそＲＰＡで自動化を行い、そこで生み出された余力を成長部門に差し向けるのだ。

❖ＭＡ（マーケティングオートメーション）

大きなくくりとしてはデータ活用に含まれるが、最近、多くの企業で導入が進められているのがＭＡ（マーケティングオートメーション）だ。

顧客情報を元に見込み客を育成していくという一連のプロセスを自動的に行うというもので、例えば「情報請求をしてきた人に資料を送る」「その○○日後にフォローのメールを送る」「その後、定期的にお役立ち情報を送り続ける」「反応があったらアラートを出す」など、あらかじめ定められたプロセスを自動的に行っていくというものだ。営業担当者は最後のクロージングに注力すればいい、ということになり、作業が大幅に簡略化される。

❖バックオフィスのＤＸ

経理や人事など、いわゆるバックオフィス業務のデジタル化も、多くの企業で採用が進んでいる。

今までは手書きで処理し、ハンコを押して提出していたような書類をすべてオンライン上で完結できるようにする、経理処理をすべてデジタル上で完結できるようにする、などである。

こうしたツールを提供するメーカーは多く、宣伝活動も活発なため「バックオフィスのデジタル化こそがＤＸ」だと思っている人も多いかもしれないが、あくまでその中の一つに過ぎない。

❖SaaS

「Software as a Service」（サービスとしてのソフトウェア）の略で、いわゆるクラウドサービスの代表格。自社内のコンピュータにソフトをインストールするのではなく、インターネット上、すなわちクラウド上にソフトウェアがあり、利用者がインターネット経由でそのサービスを利用するもののことをいう。

インターネットに繋がってさえいればどこにいても使えるという利便性があり、Gmail

などのフリーメールサービス、Dropboxなどのストレージサービスから、セールスフォース・ドットコム社が展開するような営業等の支援ソフトまで、ＤＸに関する多くのサービスが展開されている。一方で、誰もが共通のシステムを使うため、その会社ごとのカスタマイズなどは難しい。

ＤＸというと、システム会社からの売り込みもあり、その会社ごとに独自のシステムを開発してもらい導入する、という流れを考えがちだが、これだとコストがかさむのはもちろん、ＤＸに際して行うべき作業の標準化が進みにくいという問題もある（これについては後述する）。ＳａａＳのサービスをうまく活用することで、低コストでより効果的なＤＸの選択肢が広がるだろう。

他にも「ブロックチェーン」「ＶＲ・ＡＲ」などの技術を含め、ＤＸに関わる用語を挙げていけばキリがない。だが、どれもあくまで「自社が成し遂げたいことを実現するための道具」であり、それそのものが新たな価値を生んでくれるというものではないことに留意が必要だ。

　さて、本書はいわゆる「DXの成功事例の紹介本」ではなく、あくまで「社内のDXをどう進めるか」についての書籍なので、それぞれの分野のより詳細な説明や、具体的事例については最低限に触れるにとどめている。興味のある方は他の書籍やネットなどで調べてみるのもいいだろう。

　しかし、後ほど述べるように、「DXプロジェクト＝事例の発表会」になってしまうということは往々にしてある。事例を学んだり、最新技術についてキャッチアップするのも大事だが、最も重要なのは「自社のできる範囲だとしてもまずやってみること」だということも強調しておきたい。

ＤＸの神髄は「既存の磨き込み」にこそ宿る

――より早く、より正確に

ＤＸあるある病 ①

～「ＤＸって、コスト削減プロジェクトなの？」目的を見失う私たち～

当初は「将来に向けたビジョンを作るべきだ」と始まったＤＸプロジェクトだったが、「コスト削減からのほうが着手しやすい」と外部のコンサルティング会社に言われたらしく、業務ごとの「○％改善」を達成すべく、何とか絞れるところを探している状況。どうやら、コンサルティング会社と成功報酬契約をしているらしい。列挙されているコスト削減にデジタルを活用している内容もあるかもしれないものの、「これはＤＸなのだろうか」と疑問に思っている人も。ただ、言われた通りにやっているほうがサラリーマンとしては楽である。目的を見失うのはうちの会社らしいし、まあいいか。

❖「より良く」「より早く」がDXの神髄

「ツールを導入すればDXが実現する」ものではない以上、自社のDXを推進するためには、「DXで何を実現するのか」を真っ先に考える必要がある。それがなければ、各種ツールや技術は単なる宝の持ち腐れとなってしまう。

では、どこから始めればいいのかという話だが、短期志向だけで考えるとその場しのぎの施策のみになってしまいがちであり、一方、中長期的志向だけだと、今、何をやればいいのかわからなくなる。

ゆえに、方針の中には短期・中長期の両面が含まれるべきだが、短期においてその成果を発揮できるのは、言うまでもなく「既存事業の磨き込み」であろう。

DXの神髄は基本的に既存領域にて発揮される。例えば、今まで行ってきたことをより早く、正確に行えるようにする。過去の事実・データを元に、私たちがより効率的に動けるような手助けをしてもらう。新しい仕組みの導入で顧客のストレスを軽減する。こうした活動である。

より具体的には、社内SNSの導入によりタイムリーな情報共有や承認を可能にする、今まで手で伝票を切っていた受発注をすべてデジタル化することでミスを減らす、ＡＩ活用によって自動での画像判断を行い手間を軽減する、データ解析によって受注見込みの高い顧客に関して事前のアラートを出す、自社サイトやアプリの使い勝手を改良し顧客の利便性を向上させる……等々。

単なる既存事業のブラッシュアップはＤＸではない、という主張もあり、確かにそれだけで終わってしまっては本末転倒ではあるが、将来の目指す姿を歪めることなく刈り取れるような短期の施策がもしあるのであれば、それはやらなければただの損である。

一方で、デジタル化を進めたからといって新しい事業のアイデアがどこかから降って湧いて出てきたり、私たちの頭の中が急にクリエイティブになるようなことは残念ながらない。詳細はＣＨＡＰＴＥＲ４で取り上げるが、つまり、「ＤＸで新規事業を」「ＤＸを新しい収益の柱に」などというのは、基本的には夢物語である。

「既存事業の磨き込み」について検討する際には、「そんなことできるわけがない」という思い込みはいったん脇に置き、素直な気持ちで自分たちの業務を見直してみる必要がある。きっと「あそこに無駄があるよな」「あれは明らかに人間がやるよりもデジタルのほうが正確だよな」「あのデータをデジタル化したらもっと営業に使えないかな」というシーンが数多く浮かんでくるだろう。

まずはそうした無駄の排除、あるいは効率化の可能性を、全社的に洗い出してみることが、短期において着手しやすいDX推進のスタートとなる。

❖デジタル導入と同時に「断捨離」が不可欠

日本企業の悪しき伝統として、日々の業務が「捨てる、やめる、変える」という工夫がなされないまま漫然とルーティーン化されるというものがある。

そして、古いものの断捨離《だんしゃり》なくして新しい要素を加えた結果、より複雑化してしまったり、工数がむしろ増えてしまったりというおかしなことが往々にして起こってしまう。

「何を」「なぜ」変えたいのかを考え、「捨てる、やめる、変える」をセットで検討することないままに進めれば、DXも同じ結果になる。

例えば、せっかくグループウェアを導入してあらゆる申請がオンラインでできるようになったのに、一方で、手書きで申請を回すルートもまだ残っており、いちいち担当部門に電話で確認しないと現在の進捗状況がよくわからない、といった話である。こんな笑い話のようなケースがしばしば見られる。

読者の皆様の会社でも、過去に立ち上げたはいいけれど手間が増えただけであったり、いつの間にか立ち消えになっていたりという仕組みはいくつも思い浮かぶであろうし、逆にこれは定着したという仕組みもあるだろう。

それぞれのオチには何か理由があるはずであり、その理由を深掘りし、活かしていくことはDXを検討するにあたり必須と言える。言い換えれば、DXがうまくいく理由もいかない理由も、過去に他の業務改善プロジェクトなどがたどってきた経緯と本質的には同じなのである。

「うちの事業・部門は、生産性向上や付加価値創出の要素はありません」「ローテクも含めてデジタル活用の余地はありません」という部門が存在しないとは言わないが、企業が生きた活動をしているのであればその可能性は極めて低く、つまり濃淡の差はあれどもDXはすべての組織人に関係ある話である。

生産性向上や付加価値創出の必要性・喫緊《きっきん》性は待ったなしの状況にある。この状況において私たちは、AIしかり通信技術やクラウド環境しかり、デジタルという使える武器を状況に応じて装備し、攻めと守りの両面で一人ひとりが戦っていくことが求められている。

デジタルを活用した既存事業の磨き込みによって人的・資金的なリソースを捻出し、そのリソースを使って新たなチャレンジをする。新たなチャレンジのうちいくつかが実を結び、やがてその新たなチャレンジは既存領域となっていき、その既存領域でDXを推し進めることによって、次の新たなチャレンジのためのリソースを創出する。

要は**DXとは、デジタルの力を借りて更なるリソースを捻出するという、私たちの将来のための「借り物競争」である**。そして、残念ながら借り物たるDXが私たちの代わりにゴールに向かって走っていってくれるわけではない。「ゴールテープを目がけて走るのは自分」という当たり前の事実をいち早く受け入れた人が、その競争のゴールへと前進するだろう。

❖コマツ「KOMTRAX」意思決定のすごみ

既存事業を磨き上げて、このリソース創出ループを回しているDXの先駆者と言えば、建設機械の情報を遠隔で確認できる「ＫＯＭＴＲＡＸ」の仕組みを作り上げたコマツ（小松製作所）が有名である。コマツの建機を購入すればこのシステムを無料で使うことができ、建機の位置や稼働状況を常に把握することができる。常にモニタリングしているので、故障や補修などの対応もスピーディ。また、ＧＰＳにより盗難防止にもなる。つまりコマツは建機という「モノ」だけではなく、情報サービスを伴って価値提供をする「コト」売りにビジネスモデルを進化させたわけだ。

驚くべきは、コマツはこの「ＫＯＭＴＲＡＸ」を、営業赤字に転落した２００１年のタイミングで、自社負担にて標準装備するという意思決定を行っていることである。

実は、厳しい時期というのはこうした「トランスフォーメーション」の仕掛けどころであることが多い。どうでもいい文句を四の五の言っていられるのは平和だからこそであり、危機的状況においては無駄な横やりが入らず、より本質に迫った意思決定ができるからである。

この時、「ＫＯＭＴＲＡＸ」をオプションから標準に変えたことで、コマツは業務のやり方そのものを「コト」売りへと変革させた。その後は営業利益率の大幅な改善を続け、次なる成長のためのリソースを資金・データともに獲得し、現在も工事プロセス全体のデジタル化に挑み続けている。

既存事業の磨き込みは、こうした大規模なものだけとは限らない。先述した三井住友フィナンシャルグループのRPA導入や、ウェブやアプリのUX（ユーザーエクスペリエンス）を改善してコンバージョン率のアップを図ることなども、十分に価値のある、リアルなDXの取り組みと言えるだろう。

❖「ローコストオペレーション」とDXの違いとは？

そうは言っても、「DX＝新しいキラキラしたもの」と思っている人たちは少なくなく、「DXはリソース捻出のための手段である」という話をすると、「DXって結局、コスト削減なんですか？」「効率化ならもうやってますけど」という冷めた反応を受けることも多い。

確かに、コスト削減や業務の効率化といった活動は、どんな企業でもこれまでさんざん実践してきたことだろう。しかしながら、これまでのコスト削減は「ローコストオペレーション」という名の下、今まで通りのやり方で、かつ賃金を上げずに歯を食いしばって効率化を図るという側面が強かったのではないだろうか。そうしたある種の「搾取」では、いずれ行き詰まることは目に見えている。

一方、DXは「どのようにして社員の能力を発揮させるか」に重点が置かれた活動だ。デジタルの力を使うことで、今まで10分かかっていた作業が1分で終わるようになる。そして、浮いた時間でより本質的な仕事を行う。コスト削減という「マイナスの活動」ではなく、あくまで「プラスを生み出す活動」なのだ。

とはいえ、そのことを明確化しないと、現場の人が「何でやらないといけないの？」と思うのは自然なことだろう。DXをテコに各人のアウトプットを増やすことで、給与アップや短時間労働を実現する。こうした展望とセットで、マネジメントはDXのロードマップを描き、示していく必要がある。

2020年末に日本電産が「年収3割増」を打ち出して話題となったが、これについては、売上高を伸ばしながらデジタル化などで業務の効率を高め、生産性向上を実現し年収を上げるという説明がなされている。会社と社員が協働でDXを推進し、年収を上げていこうと宣言しているわけだ。

「DXで生産性向上」というキャッチフレーズは確かに目指すべきものだが、その言葉が独り歩きしてしまうと、単に一時しのぎの搾取たるコスト削減をもって「生産性向上」とされてしまうリスクも懸念される。そうなることのないよう、「DXで給与を上げよう」くらいの目標を掲げるほうが、むしろ正しいロードマップを描けると言えよう。

また「給与を上げる」というような持続性が求められる目標を掲げることは、リバウンドしない生産性向上のためにも重要である。

DXブームのさなか、皆さんの会社にも多くのコンサルティング会社等がやってくるだろう。そして、最初は「DXはビジョンが大事だ」と言いながら（それ自体は間違っていないが）、いつのまにかビジョンがどこかへ行ってしまい、「目標がないのはよくないので改善目標を決めましょう」「売上は改善に時間がかかるので、費用をまずは対象にしましょう」「生産、営業、間接……といった業務ごとに○％改善を目指してみましょう」「改善幅の一部を私たち（コンサルティング会社）の成功報酬としましょう」……といった話ばかりが進むということもまた、極めてよく見られる話だ。そして、結局それがDXなのかどうかわからないまま、「費用の○％改善」に勤《いそ》しむという妙な流れに陥ってしまうことになる。

こうした状況に陥らないよう、「給与を上げる」というような一段先の目標を掲げることも、真のDXには必要なのである。

組織のOSを「デジタルファースト」に変えていく
――まずは社内の意識改革から

❖常に「デジタルでいいことあるかも」と考えるクセを

冒頭にて、デジタルで変わっていくことが広くDXであると述べた。より正確に言えば、デジタルを使ってあらゆる業務をより良く変えていくことのすべてがDXであり、これは、すべての組織人に関係してくることである。「自部門はアナログだからDXなんて関係ない」という話ではないのである。

DXが会社のあらゆる部門に関係あるとするならば、その実現は組織のOSを「デジタルファースト」に変えていくことと同義とも言えよう。

デジタルファーストとは、別に「何でもかんでもデジタルに」「デジタル命!」ということではない。アナログでやるほうが早くて安くて正確なことが確認できた業務は、無理にデジタル化する必要はないだろう。例えば、年に数回しか発生しないようなイレギュラーな業務の処理のために、わざわざシステムを作る必要はない。

また、デジタル化したからといってクリエイティブな作業を代わりにやってもらえるという夢のような話でもない。ドラえもんの道具を思い返しても、道具というのは叶えたい何かを支えてくれるものであり、どうすべきかを教えてくれるものではない。ＤＸがすべてを解決してくれるわけではない。

そうではなく、「デジタル化したら既存の業務をもっと簡単・便利・正確にできるのではないか」「新たなアイデアを生み出すための判断材料を得られるのではないか」といった**「デジタルが進むといいことあるかも」という発想こそが、ここでいうデジタルファースト**の発想である。

目の前にある仕事について、あるいは新たに発生した問題について、「デジタルで解決できないかな」とまず、考えてみる。そのループを組織全体に浸透させることが、中長期まで睨んだＤＸ推進を成功させるカギとなるだろう。

❖ペーパーレスはＤＸの第一歩として最適

そのためにはまず、デジタル化することが「いいこと」だという認識を、社内に浸透させる必要がある。そういう意味で、いわゆる**「ペーパーレス化」は最初に手掛ける施策として有効**だと言える。紙の書類の保管に労力をかけなくてすむようになる、書類の提出のためにわざわざ会社に行かなくてもよくなるなど、「いいこと」が見えやすいからだ。

特に年配者を中心に、ペーパーレスに対して否定的な人もいることだろう。だがそこで「命令だから四の五の言わずにやれ」とやってしまっては、デジタルファーストは根づかない。「わざわざ書庫まで行かなくてもよくなりますよ」「空いたスペースをこんなふうに有効に使えますよ」などと、「いいこと」のメリットを伝えて説得する必要があるだろう。「何でやってくれないんだ」と文句を言ったり、うまく対応できない人にやり方を教えず、「自分だけがやり方を知っている」とＤＸを自分の存在価値を上げるための道具にしようとしたりすることがあってはならない。

なお、ＤＸについて語る際にしばしば出てくるのが、「デジタイゼーションとデジタライゼーション」の違いだ。詳しくは後述するが、ペーパーレスのようなちょっとしたデジタル化は単なるデジタイゼーションでＤＸではない、というような声がある。もちろんペーパーレスだけで完結してしまっては困るものの、ペーパーレスも「デジタルで変わる」を実践した立派なＤＸの一環である。ペーパーレスをきっかけにして自らがＤＸの当事者になれる機会や体験を増やし、「もっとデジタル化できることはないか」「どうせだったらデジタル化してみよう」という発想が根本に根づけば、むしろ根づかなければ、会社としてのDX実現は難しいだろう。

社内には、DXに対して前向きモードな人もいれば、観念モードで仕方なく話を合わせている人も多いはずだ。だからこそ、DXのムーブメントが組織全体に起こらなければ「あの部門がやっていること」という小さな範囲で終わってしまうのである。

筆者自身数多くのDXプロジェクトを支援してきているが、コンサルタントが提出したキレイにまとまった報告書を前に「大変良いお話をいただきまして……」というような状況からDXが推進されることはまずない。具体的なデジタル化施策の提案を目の前にして、当事者たちの間から「これはその通りだ」「これは意味がない」などと議論が沸き起こり、その先に「いっちょやってみようか」という動きが起こることが大半である。

DXのやる気スイッチとなるのは、やはり具体的に当事者として関わる機会である。ペーパーレスでも何でも、それがDXを推し進めるやる気スイッチになるのであれば、どんどん活用していくべきと言えよう。

なぜ、DXは企業にとって不可欠なのか①
――社員のエンゲージメントを高める

❖「DXをしない」という選択肢はあるのか

どんな会社にとってもDXは必要不可避な取り組みであるということは、ここまで何度も述べてきた。にもかかわらず、「DXなど不要だ」と主張するような人間が、どんな企業にも存在するのは確かだ。

もちろん「DXよりも良い方法でそれ以上のリソースを捻出できる」「DXよりも効果の高い方法がある」ということであれば、DXではなくそれをやればいい。しかし、実際にはそのようなケースは極めて少ないはずだ。

意識的か無意識的かはともかく、「DXは不要」と主張するような人は、「新陳代謝は不要で寿命に任せて死にます」という選択をしていることになるのだ。「自分の退職まで何とかなればいいのだ。あとのことは知らん」という心無いセリフを吐いているのと同義だとすら言える。

つまり、「これからも自社を発展させていきたいし、そのために貢献したい」という人にとって、「DXをやらない」という選択肢はあり得ないのだ。

❖「まだ困っていない」は本当か

一方で、「DXとか何とかしないといけないと思うんですけど、何だかんだ言ってまだ困ってないんで、お尻に火がつかないんですよね。どうしたら始める踏ん切りがつきますかね」という質問を受けることも多い。

大前提として、多くのことは困ってから始めていては手遅れになるのが常である。例えば事業売却にしても、当該事業の先行きが見えており、このまま自社で持ち続けることが難しくなるであろうことが予測できる場合、価値がまだ十分高い、すなわち事業がまだ元気な段階で実行に移すべきである。そうすればより良い条件で売却できるし、従業員の雇用も確保できる。

しかし、ダメ経営者は往々にして、にっちもさっちもいかなくなるまで、つまり価値が下がり切ってしまうまで決断を先延ばしする。そうして、不利な条件で売却せざるを得なくなり、会社にも従業員にも迷惑をかけることになる。

「まだ困っていない」ということは、言い換えれば「まだ選択肢が多い」ということなのだ。

さらに言えば、日々の業務で「困っている」ことが現場にないということはあり得ない。現状は一見、滞りなく業務が流れていたとしても、「もっと売りたい」「もっと改善したい」という「より良くしていける」という意味での「困っている」は常時存在しているはずだ。その解決を真剣に考えれば、デジタルの出番は当然に出てくるはずである。「まだ困っていない」ということは、「日々何も考えていません」と言っているのと同義であろう。

よって、自ら手足を動かすことはなくとも、デジタルを活用した弛まぬ現場改善の遂行を求め、応援し続けることは、マネジメントにとって必須の役割である。何も状況の変化がないまま、やれ「前年比○%増」などと社員をムチ打って頑張らせることには当然ながら限界があるが、デジタルという新しい武器の活用を模索することとセットであれば、そこにはまだ余地が残っているはずだ。

❖「困っていない」からこそ、今すぐ始めるべき理由

先述したように、DXの神髄は既存事業の磨き込みに現れる。しかしながら、「現場で細かくやってもインパクトが少ない」「何か地味だなあ」という理由で、経営陣はこの手のネタへの食いつきがよくないことが多い。

ただ、会社全体の業務工数の大半は、こうした場で発生していることを忘れてはならず、ボリュームの大きいところを改善していくことは、効率性の観点からも当然と言えよう。デジタルで現場を変えていく術について現場を担う幹部と真剣に議論し、「こういうことができる」というスポット発想と、「どうやったら○%の工数改善ができるか」というゴール発想を行ったり来たりしながら、前向きに変わるためのテーマを現場に求め続けることは、経営陣が行うべき当たり前のことである。

もちろん机上で考えただけの施策が明日から想定通りにビシッと実行可能になるというようなことは残念ながらなく、試験的な実施期間も発生することを考えると、一時的にはコストアップ要因になることもあるかもしれない。

例えば製造業においてＩｏＴを活用し、自社の機械の稼働状況や生産プロセスを見える化するという施策を実行するためには、そのためのセンサーの取りつけや管理ソフトの導入などの初期コストが発生する。規模にもよるが、決して馬鹿にならない金額となるだろう。

ただ、効率的な生産計画やコスト削減の追求には、こうしたＤＸの取り組みによって計画と実績とのズレをタイムリーに把握し、生産計画や人員配置を頻度高く調整していけることがカギとなる。変化のスピードが一層早くなるこれからの社会においては、「その生産現場で何を作るのか」自体も含めて、柔軟に変わっていけることが強みとなる。そして、その意思決定はもはや「経験と勘」だけに頼る時代ではなく、ＤＸによる「見える化」という武器が必須なのである。

だからこそ、**「まだ困っていない」ゆとりのあるタイミングでＤＸを始めるべき**なのだ。そうして実験的に導入し、最適化を図っていくことで、より効果的な運用が可能になっていく。

❖「わが社は規模が小さいからＤＸは不要」は正しいのか？

一方で、「わが社は小さいから」「わが社はそもそもデジタル化がまったく進んでいないから」という理由でＤＸにしり込みする企業も見られる。だが、それらもまた、ＤＸをやらない言い訳にはならない。

もちろん規模や業種が違えば、解決できる課題の大きさや範囲が異なるのは当然だ。しかし、規模が大きい会社にはデジタルが必須で、規模が小さければアナログでいいというものではないし、業種として遅れているから関係ないというものでもない。むしろ**ＤＸが遅れているという状況は、改善の余地が大きかったり、競合を出し抜くチャンスがあるということ**でもある。

経済産業省や中小企業庁のＨＰにはＤＸに取り組む中小企業の事例が紹介されているが、そのうちの一つに、従業員数三十数名の今野製作所の事例がある。

この会社はジャッキと呼ばれる油圧機器製品の製造や板金加工などを手掛けているが、リーマンショック後の受注の落ち込みをカバーするため、顧客ニーズにカスタマイズした受注設計生産に力を入れることにした。しかし、こうした特注品は手間も工数もかかり、かつ、東京、大阪、福島に拠点が分かれていることもあり、設計部門やベテランに仕事が集中したり、細かな情報伝達がしにくくなったりという問題を抱えていた。その結果、「売上はさほど伸びないのに皆で残業している」という状況に陥ってしまっていたという。

そこで、業務の見える化を推進し、ＩＴを用いた情報の共有化を図ったところ、大幅な業務効率化が実現。特注品の売上が4倍以上になったにもかかわらず、同数の社員でしっかりと業務が回せるようになったという（出典：経済産業省「製造基盤白書（ものづくり白書）２０１８年版」より）。

この事例からも、規模の小さな会社だからこそ経営へのインパクトが大きいことがおわかりいただけるだろう。

私たちの食を彩る日本酒の世界においても、醸造工程での予測ＡＩ活用を目指す「獺祭《だっさい》」の山口県・旭酒造や、もろみの温度管理をスマートフォンで自動制御できるシステムを自ら作った栃木県・西堀酒造などの事例がある。全国の高専チームが出場する「ＤＣＯＮ」にて中小企業のＤＸ活用に繋がりそうな仕組みが数多く披露されるなど、若者発信の非常に期待が高まる取り組みも増加している。

もちろん、企業規模の大小や業種を問わず、明確な理由を持って「DXをやらない」と決めるという判断も否定しない。「今DXをやらなかったらどうなるのか」をしっかり検討し、その結果として「やっぱりうちの会社には、DXは必要ない」という整理ができるのであれば、それを意思決定し、従業員や株主を含むステークホルダーにもその旨を堂々と説明すればいい。

しかし、大半は「やったことがないことは、怖いし、面倒くさいからやりたくない」ということではないだろうか。むしろ遅れているのであれば、投げ出すのではなく誰よりも真剣に考えるのが筋である。

❖現場の熱量をもり立て、エンゲージメントを高める

具体的に**ＤＸを進める際、ぜひ心掛けてほしいのが、「現場を巻き込む」**ということである。今すぐに着手可能なDXについては、その実行に向けて現場に落とし込まれていくことになるが、こうした具体論については当然、現場のほうが詳しい。しかも、現場を

巻き込むことで経営と現場の距離を近づける機会となり、ＤＸのムーブメントを現場に引き起こすきっかけにもなる。

これはつまり、ＤＸ推進は会社に対する現場の「エンゲージメント」を高める施策となり得るということだ。

エンゲージメントとは、社員と会社の間に存在する強い信頼関係を意味する。社員は会社のために貢献することを、そして会社はその貢献に報いることを約束する。このような理想の状態を実現することは、ＤＸに限らず会社が何かを成し遂げるうえで重要な条件となることは言うまでもない。

一般的にこのエンゲージメントは、自らの仕事や会社に誇りや将来性を感じ、会社に貢献していく意義・目的を社員が見出すことによって高まるが、自分の会社がＤＸを通じた未来志向の現場改革を目指しており、経営トップもそれに大きな関心を示していることは、このエンゲージメントを大いに高め得るものとなるだろう。

そのための施策として、ＤＸを検討する分科会に経営トップが積極的に参加したり、Ｚｏｏｍなどを活用してこうした会議により多くの人がオーディエンスとして参加できるようにするといった活動が有効だろう。

自らの取り組みが会社の未来に関わり、経営陣の議論の対象となっていることを実感できれば、現場の熱量はぐっと上がる。一つひとつの施策効果は小粒に見えたとしても、現場で発生している工数の多さを考えればその効果は大きい。DXによる現場改善の取り組みは確かに地味かもしれないが、「インパクトが少ない」ことはまったくない。

経営陣には、こうした取り組みにどう自分の時間を使ったらいいかということに明日からでも早速頭を働かせてほしい。また、現場を管轄する幹部には、いかにこうした取り組みに経営陣を巻き込むか、同じく明日から頭を働かせてほしいところである。

❖ロイヤルティがDXの邪魔をする!?

今後の章でも詳しく述べていくが、DXにおいてはトップダウンで大きな意思決定を迅速にしていかなければいけないシーンも想定される。だからこそ、エンゲージメントを高める施策もセットで考えていかなければ、トップダウンの方針についていけない社員が続出する懸念がある。トップの方針をしっかりと実行していくためにも、身近な施策を通じた積極的なエンゲージメントの構築は今後ますます重要になっていくだろう。

なお、エンゲージメントとは違う形での社員の絆として、「ロイヤルティ」がある。これは、社員が会社に対して忠誠心を持っているという関係であり、エンゲージメントは社員と会社が対等な関係であるのに対し、ロイヤルティは主従のような関係にある。

どちらも重要ではあるが、ロイヤルティが高く、エンゲージメントが低い状態は非常に厄介だ。ともすれば会社や事業への貢献という要素は忘れ去られ、「会社に忠誠心を捧げているのだから、依存したっていいじゃないか」となりがちだからである。

経営陣自らが社員との距離を縮め、貢献することへの参画を促すことは、依存型社員を作らないためにも大いに効果があるだろう。

なぜ、DXは企業にとって不可欠なのか②
——環境変化に対応する

DXあるある病②
〜なぜか「他人事」。下手に手を出すと面倒だし……〜

ＤＸは必須だとは頭ではわかっているし、ＤＸの事例集もいくつか読んだけど、どうも「他人事」という感覚から抜け出せない。他社から「御社のＤＸの状況はどうなっていますか？」と聞かれても、実はわからないことばかり。むしろ相手のほうが自社の現状を知っていたりする。

でもまぁ、うちは有名大企業だし、しばらくは変わらなくても大丈夫だろう。下手に手を突っ込んだら「お前がやれ」と言われそうだし。調べるのはいいけど、やるのは大変だから、誰かにやってほしいな。

❖自社内の「社会課題」にＤＸを

「人口減少」「地球温暖化」「デジタル化」という未来の到来は、誰もが当たり前のように予測している。企業の各種資料にも「人口減少を睨んだ新規事業を……」というような文章がよく見られるが、不思議なことに、なぜかその未来の課題が自社にも訪れるという発想をする企業は極めて少ない。

例えば、人口減少が自社の拠点のある地域で起きれば、雇用の確保は難しくなる。それが予測できるのなら、ＤＸ推進による省力化で、その問題を事前にカバーすることが可能であろう。このように、デジタルを使って早めに対処することで、マイナスの影響を和らげたり、影響が訪れる期間を変えたりと、何らかの対策を施すことができる。

経営の世界において、「やがて時が解決してくれる」という課題は存在しない。日々の業務改善はもちろん、いずれ訪れることが明らかな中長期の課題に対して、「困ったな」と言いながら待っているだけでは何も生まれない。ＤＸによってその解決が図れるのであれば、早期に推進する以外に選択肢はない。

何かを推進しようとする時に、「状況を見極めて慎重に……」「他社事例も踏まえながら……」などと脊髄《せきずい》反射のように言う経営陣がいる。確かに新規事業は、タイミングという名の運が多少なりとも成否に影響を及ぼすが、課題解決については先延ばしにする意味はない。少なくとも筆者は「もう少し検討して」「慎重に時期を見極めて」が功を奏した課題解決を見たことはなく、往々にしてお蔵入りになるのがオチである。

企業の存在意義は、「世の中の社会課題を解決すること」であるとも言える。自社の社会課題も解決できないのに、世の中は救えないはずである。他者を救うためのリアリティを得るためにも、**まずは自らの中で起きている社会課題の解決にＤＸを活用していくべきである**う。

❖デジタル化により、ゲームチェンジの波は深く速く大きくなる

もっとも、中長期の未来課題は、「人口減少」のように起こることが明らかなものばかりではない。我々のビジネスの根幹を揺るがすような「ゲームチェンジ」が、いつ何時、常に私たちの想像のはるか上をいく形でやってくるかは誰にもわからない。

例えば、２０２０年のコロナ禍により海外出張が不可能となり、会議はすべてリモート化を余儀なくされた。これは言い方を変えれば、「航空会社のビジネスクラス収入がＺｏｏｍに奪われた」というゲームチェンジが起きたということになる。２０１９年の時点で、このような変化を誰が予想できただろうか。

なお、このゲームチェンジはＣＯＶＩＤ－19という因子だけをもって成立したわけではなく、デジタル化の進展によって、「高い出張コストを払わずとも、リモートで十分にコミュニケーションできる」という価値体験を伴うことで、初めて起こり得たゲームチェンジである。10年前にこのパンデミックが起きていれば、状況はおそらく違ったであろう。

過去に情報端末プレイヤーとして隆盛を誇ったノキアやブラックベリーが、デジタルで新しい価値を提供したアップルやグーグルによってその地位を奪われたことと同じく、デジタル化が進めば進むほど、予測できないゲームチェンジが起こる可能性は上がる。いざゲームチェンジが起きた際にビビらずに対応するだけの基礎能力とマインドを、ＤＸによって身につけておくことが求められるのだ。

ただし、誤解してほしくないのは、これは「不確実な未来に対する予想大会をする」ということではないということだ。

「私たちのDX計画」というような未来構想資料を見ることは多いが、その中には「漫画やアニメの見過ぎではないか」と思うような荒唐無稽《こうとうむけい》な未来予想大会になってしまっているものもある。価値のあり方の変化を予測するのではなく、「すごい技術で何でもできるようになる」と夢見るのは、構想ではなくただの妄想である。むしろ、自社の延長線上としての未来をしっかりと予測し、そのための変化対応力をどう上げていくかを考えるほうが、少なくとも「企業を経営する」「事業を営む」という観点からはよほど大事であろう。

もちろん、DX推進の際にはわくわくするような楽しい議論もぜひ織り交ぜるべきだし、不確実だから予測しなくてもいいという話ではないが、神様に挑戦するような未来予測に時間を使い過ぎるよりも、変化に強い心身になっておくことのほうが何万倍も重要なことである。

❖DXで従業員に「選ばれる」

「なぜ、DXを進めなくてはならないのか」の理由をもう一つだけ挙げるとするならば、これからの企業は働きやすさを追求することで、社員に選ばれる存在でなくてはならないということだ。働き手がいくらでもいた昭和の時代と違い、人口減少社会に向かう日本では、黙っていても人は集まらない。**働きやすい職場をどのように作り上げるかは、DXの重要な目的の一つ**である。

「DX×働き方」というと、このコロナ禍もあり、在宅勤務やリモートワークといった話題が中心になることが多い。もちろんそれは重要なテーマだが、働く場所を自由にすることだけがDXではない。勤務している場所がリアルなオフィスや店舗だったとしても、タイムリーに情報共有ができる仕組みを作ったり、ITやAIでより効果的・効率的に業務が回るようにするなど、デジタルで実現できる「働きやすさ」は無数に存在しているだろう。

もちろん、すべてをデジタルにすればいいというものでもない。リアル環境ならではのメリットとのバランスを取りながら最適解を模索していくことこそが「働きやすい職場」の実現には不可避であり、これまた企業にとって長きにわたる航海である。

日々アップデートされる最新トレンドや技術の波をつかまえながら最適解に向けて歩んでいけるかどうかは、その企業が変化をどれだけ柔軟に受容できるかという組織文化によるところもある。「うちの会社じゃ無理だよ」という声も聞こえてきそうだが、これに取り組まなければ今後は誰もその会社には入ろうとしてくれないし、今いる社員からも見放されてしまう。まさに企業にとっての死活問題なのである。

また、職場のリモート化を進めることは、人材採用の面からも検討すべきことである。リモートで働けるということは、採用において海外も含めた場所の制限がなくなるということだ。デジタル人材も含め、地方には優秀な人材の数に比して仕事が少なく、これが学生が卒業とともに都会へ出ていく理由の一つであったが、今後は「うちで働くなら地元を離れなくてもいいですよ」ということがアピールとなる時代が来るだろう。逆に、地方の企業が「地元では他に働くところないでしょ」という優越的地位をちらつかせながら人材の採用をすることもできなくなる。

「働く場所」についての常識が今後、どのようになっていくかはわからない。ただ、「働く場所を選ぶ自由」を確保することが、あらゆる企業に求められていくことは確実である。

❖人事にも「トランスフォーメーション」が求められる

こうした課題は、いわゆる「人事マター」であり、人事部も巻き込んだ検討が必要となってくる。

また、DXを積極的に進めていくには、人事制度の変革も必要となる。既存の業務をきちんとこなす人だけを評価する仕組みを見直し、変わることを企図し続けている人がしっかり評価され、昇進していくという流れを目に見える形で作るべきである。

よくあるのが、「評価項目を見直すのは大変なので、新しいチャレンジをした場合は『その他』欄で可能な限り調整しますよ」というものだが、こうした弥縫策《びほうさく》では何も変わらない。変わろうと努力した人ほど損をするような制度があってはならない。

それに伴い、**人事部自体もトランスフォーメーションを遂げなければいけない**状況を迎えている。これは単に「人事向けの業務効率化ソフトを導入する」ということではない。労務管理だけをしていればよい時代は終わり、方針を自ら発信しコントロールタワーとなり、組織文化を創り出す仕掛け集団となっていくことが、これからの人事部には求められているのである。

「人事部一筋〇十年、丁寧できっちりしっかりがウリです」という人ももちろん必要だが、DX推進のためには、そういった人ばかりでは困る。「令和の人事部とは?」を問い続け、戦う人事部を組成していかなければならないのだ。

【コラム】リモートワークとDX

コロナ禍により、「リモートワーク」への注目が急激に高まっている。政府がさんざん「働き方改革」の旗を振っても進まなかったものが、コロナ禍により急に進むようになったのは、皮肉と言えば皮肉な話である。

リモートワークの推進はもちろん、DXに含まれる。だが、DXの真の意味を考えた時、「シンクライアントの導入」「Zoomによるオンライン会議」などはあくまで表面的な話に過ぎないことがわかる。

例えば、リモートワークによって仕事の格差が明白になってしまったという話はよく聞く。忙しい人に仕事が集中する一方、まるで「自宅警備員」のごとく仕事がなくなってしまった人もいる。特に、「会議に出ることだけが仕事」だったような管理職は、会議の最中にも何ら発言しない、意思決定をすることもないという状況の中で、「自分がいなくても誰も困らない」ということが図らずも露呈してしまった形だ。

一方、リモートでできる仕事もあれば、できない仕事もあるということも明白になったはずだ。物理的にできる・できないというだけでなく、どうしてもリアルで会って話すべきことは何かが明確化したとも言えるだろう。

そして、チームで取り組む仕事である以上、シンプルにしたり回数を減らしたりする必要はあっても、状況の共有や報告というアクションが不可欠であることもまた、多くの人が改めて認識したはずだ。

こうして露呈した問題に対して、どのような対策を取るか。ムダな会議を減らし、本当に必要な会議だけに絞り込む。デジタル化を進めることで、リモートで行うことのできる仕事を増やす。コミュニケーションをカジュアルかつ安全に実行するための仕組みを作る……など。これこそが真に行うべきＤＸである。


さらには、仕事をメンバーシップ型からジョブ型に変え、在宅勤務でも成果がしっかりと測れるシステムを築き上げるといった「人事制度改革」まで求められる。しかし、年功序列・メンバーシップ型で長きにわたり組織を運営してきた日本企業にとってこれは難問である。先述のような「会議に出るだけ」の管理職をどうするか、という問題も含めて、理想と現実の間をどう埋めていくかを考える必要がある。

他方、今は引く手あまたの「デジタル人材」もある問題を抱えている。デジタルのような技術の進化が激しい分野では、どうしても若手のほうが適応力は高くなる。つまり、今日現在、大活躍しているデジタル人材も、年を重ねていくにつれ次世代の若手に同じ業務内容では敵《かな》わなくなる。どんなにすごいプロスポーツ選手でも、ずっと現役ではいられないことと同じである。「ある程度の年齢になったデジタル人材をどう扱うべきか」といった人事制度を整える必要も出てくるだろう。

さらに言えば、リモートワークの推進は採用戦略にも影響を与えることになる。すべての業務がリモートですむというのなら、採用を自社の近くに限定する必要はなくなるからだ。

そう考えた時、リモートワーク推進によるDXとは、人事制度すべてを組み替えるほどの大きな変革だということがわかるのだ。

DX悪魔の辞典①

リアルな経営論として、デジタル革命の進行の中での過去の蹉跌《さてつ》を繰り返さないために、すなわち今回も再び「DXごっこ」「なんちゃってDX」になってしまう愚を繰り返さないために、DX周辺の流行り言葉に関してささやかな「悪魔の辞典」を作ってみた。これは筆者自身への経験的な自戒でもあるが、ぜひぜひご笑覧いただきたい。

「DX」：ICTやITがさすがに古びてきたので、代わって登場してきた関連事業者によるマーケティングバズワード。

（解説）つい数年前までは「IT化」が、通信やコンピュータ技術を使って業務の効率化や生産性の向上を図ることを指す言葉として使われていた。そこで企業のIT化を支援する、いわゆる「ITベンダー」「ITコンサルティング」といった言葉は今でもそのまま使われている。

ただ、AIだのビッグデータだの、ITという概念では包摂《ほうせつ》しきれない要素がデジタル革命の中心になる流れの中で、ICTと同じくITという言葉もやや陳腐化したため、特に業者筋はこれを「DX」と置き換えて営業マーケティングを行うようになっている。

現在、世の中で「DXプロジェクト」の名前で遂行されているプロジェクトのほとんどはかつての「IT化プロジェクト」と同じ意味、すなわちデジタル技術による業務の効率化、生産性向上を目的としている。

あとでRPAのところでも指摘するが、過去30年、IT化で日本企業の多くが欧米企業に大きく後れを取った根の深い背景と同じ理由で、DXプロジェクトの多くもあとから振り返ると死屍《しし》累々《るいるい》となる可能性が高い。

「IoT」：もっともらしいが「だからどうしたの？」な流行り言葉。ただ、これが進むと通信事業者やGAFA型プラットフォーマーが儲かることは確実。

（解説） 筆者の冨山自身が政府のIoT推進コンソーシアムの座長などもやっていたので言いにくいが、これほど曖昧な言葉はない。字義通りに解釈すると、「モノがインターネットで繋がること」ということになるが、正直「それでどうしたの？」である。
いろいろなメーカーがハードをネットに繋げる努力をしているし、今後5G時代に向けて放っておいてもIoTは進展するが、それ自体で新しいビジネスモデルが生まれたとか、事業収益が格段に上昇したという話はめったに聞かない。ほとんどがコスト増のわりに、顧客から見ると機器操作が複雑になるだけで終わっている。
真の付加価値は、顧客が対価を払ってまで享受したい価値のあくなき追求、探索から創出され、IoTはそれを実現するデジタルネットワーク系の構成要素として有効な場合があるというだけの話。結局、IoT自体で確実に儲かるのはそのインフラとなる通信事業者とGAFA型プラットフォーマーである。

「ICT」：デジタル革命がコンピュータ産業の枠にとどまっていた時代の古語。デジタルネイティブ世代はまず使わない。

（解説） 情報（Information）とコミュニケーション（Communication）に関わる技術（Technology）の発達がデジタル革命のエンジンであったことは事実だが、90年代以降はインターネットとモバイル、すなわち通信技術、ネットワーク技術の革命的な発展がデジタル革命を加速させた。昨今はそれがさらにＡＩ、データサイエンス、クラウド技術にシフトしている。したがってＩＣＴという言葉はしっくりこなくなっている。

デジタルネイティブ世代へシフトしていく世代定義として「76世代」（１９７６年生まれ以降、10代でウィンドウズ95ブームの洗礼を受けたＰＣ当たり前世代）とか、ジェネレーションＺ（１９９０年代中盤から２０００年代前半生まれで物心ついた頃からスマホがあった完全なデジタルネイティブ世代）とかいう言葉があるが、世代が下るにしたがってこの言葉が使われる頻度は下がり、今やＤＸでひとくくりにされている。

「ＡＩ」：ほとんど付加価値を生まない技術資産。これを開発するために大量のＡＩ開発者を雇うと、10年後にまとまった不良人材資産になる危険性大。

（解説）「〇〇社、ＡＩ開発力強化のために人材獲得に力を入れる」みたいな記事があちこちで踊っている。私たちはＡＩが今のようなブームになるはるか前から、その可能性に注目して東大の松尾研（当時、松尾豊先生はまだ特任准教授）とオープンイノベーション型のいろいろなコラボレーションを開始し、多くの成果を上げてきた。
確かにAIの進化とそれが経済社会に及ぼす影響は凄まじい。しかし、今さら古い工業化モデルの発想でAIを開発・実装してもビジネス上の付加価値を生まない。ビジネスモデル、会社モデル自体を、知識集約化モデル、デジタル産業化モデルに適応させない限り、AI投資は金にならない不良技術資産を積み上げることになる。
技術の進化も、若い才能への世代交代も猛烈なスピードで進むAI開発の世界は、本質的にオープンイノベーションが主流。ちょうどバイオテクノロジーフェーズ、ゲノムフェーズに入って創薬の世界が一変したのと同じ。AI開発人材を日本型雇用で大量採用することを考える時点で終わっている。

「ビッグデータ」：質量のないガラクタの山。時に個人情報のような火事の原因も含んでいるので、ビッグになるほど大災害を引き起こす危険性がある。

（解説）データというのは「データ・マイニング（掘り出し）」という言葉からもわかるように、それ自体が価値を生むものではない。ビジネス上有用なデータ、あるいはデータセットは、希少資源の鉱山と同じで、集めたデータの中にそうそう高い含有率で含まれてはいない。

漫然とビッグデータを積み上げても、そこからの情報漏洩《ろうえい》リスクなども考慮すると、掘り出しコスト、精錬コストばかり高くつくハイリスク・ローリターンなガラクタの山になりかねない。

CHAPTER-2

DXは「スタート」で決まる

ダイアログ2

「とりあえず、他社の事例を集めてよ」

（某月某日・経営会議の場にて）

A君「……というわけで、○○社ではAIによる画像認識機能を使って顧客から送られたデータを瞬時に分析し、フィードバックをするという機能を用いることで、査定の大幅な時短を実現しています」

社長「なるほど。画像認識機能か、面白いね。わが社でもどこかで使えないものかな？やっぱり、他社でうまくいっている事例から始めるのが安心だからさあ」

役員「そうですね、在庫管理の際、画像認識を使えば作業が短縮できるかもしれませんね。ただ、うちの商品数は多くないので、商品仕分けにそこまで時間がかかってはいないと思いますが」

社長「ううむ、画像認識はなしかな。次はどういう事例があるのかな」

A君「わかりました。次はマーケティングオートメーションを使った〇〇社の事例なのですが……」（これ、毎月やるのかな？）

DXは簡単には始まらない、進まない
――始めるにあたっての心構えとは

DXあるある病③
～「カッコいいDX」にこだわっているようだけど～

何でもかんでも「AI活用」を謳《うた》っては、それが「先進的だ」と世の中に取り上げられたという過去の記憶からなのか、どうもわが社は、すぐに外部に発表できる「カッコいいDX」を期待しているらしい。でも、それって中身や努力なくして「カッコいい人になりたい」と言っているに等しいんじゃないか。短期的に楽に作った「カッコいい」なんて長持ちしないことなんてわかっているはずなのに……。打ち上げ花火で終わった数々の失敗になかなか学ばないなあ。

❖「総論賛成・各論反対」上等

「これからの企業にDXは不可欠である」「DXは全社員に関わるものである」という話をここまで述べてきた。実際、ここまでは多くの人が納得してくれる。
にもかかわらず、社内でのDX推進はそう簡単に進まない。皆コンセプトには賛同してくれるものの、「何をするのかいまいちピンと来ない」「うちの部門は現場が納得しない」「担当しているアイツが偉そうで気に食わない」といったような不満の声があちこちから湧き上がって、いくら声をかけてもなかなか進まないのだ。「総論賛成・各論反対」を辞書でひくと、「DX推進」が出てくるのではないかというくらいである。

しかしながら、こうした混沌とした状況からのスタートはむしろ当たり前だと思うべきだ。企業を変えるだけのインパクトがDXにはあるのだから、その可能性が大きければ大きいほど、企業内に展開する際にかなりのパワーとコミットメントが求められるのは当然のことである。

その混沌とした状況からどのように一歩を踏み出すかが重要かつ踏ん張りどころだ。「ああでもない、こうでもない」という声があちこちから上がるような面倒な状況からのスタートは、うまくいかない予兆ではなく、むしろ本質に迫っていく過程として歓迎すべきである。ずっとその状況で停滞してしまってはいけないが、「スタート時点からこんな状況では無理だ」ではなく、「こんなものだし、むしろ好ましい」と思うくらいの気持ちが大事である。

❖「カッコよく進めよう」としてはならない

これはDXに限った話ではないが、いわゆる「バズワード化」しているようなものに対して、「何かウチも始めないと」という空気感が漂っている場合、「キレイにカッコよく物事を進めたい」「誰かから文句を言われたくない」「失敗したくない」という力がなぜか働きやすい。だが、キレイにカッコよくトランスフォーメーションを起こせるなどとは思わないほうがいい。

例えば、プロジェクトの立ち上げに際して全社員を集め、「DXにより今までなかった顧客体験を実現する」などとカッコよくまとめられたプレゼン資料を発表するのは愚の骨頂。現場を何も理解していないことの証明だ。

むしろ、**「まずは紙をなくす」「業務効率3割アップ」などと、ちょっとダサいと思われるような目標を掲げるほうが、リアリティあるスタートになり得る。**「○割」という基準を掲げると、そこに合わせにいくという悪しき習性が日本企業にはあるが、瞬間的ではなく持続的な達成を求めることとセットであれば、それは有効であろう。

具体的な目標を掲げて、それがもし「できない」と言うのなら、「なぜできないのか」「目標値を変えればいいのか」「時間を延ばせばいいのか」と因数分解していく。こうして「逃げられない」と思えば、DXに乗り気でない社員たちも「言い訳するよりやったほうが早い」と思うはずである。

もし、あなたがDX推進プロジェクトメンバーに抜擢されたとして、「せっかく選ばれたのだから、カッコよく決めないと」などと思っていたら、そのおごりや自己保身を捨てるところからスタートすべきである。

逆に、「何としてもキレイにことを進めないと」というプレッシャーを感じているのだとしたら、そんなに気負う必要はない。

❖DXで成功している会社はどこだ!?

なお、DXを具体的に推進しようとすると、必ず出てくる質問がある。

「DXで成功している会社はどこですかね？　成功している事例とその理由を知りたいんです」というものだ。いわば「前例主義」であり、このような質問をしてくる人は、実はDXに対して面倒くさい、やりたくないという感情を持っていることが多い。

この場合、試しに「どういうDXの事例ですか？」「DXの何で成功している会社ですか？」と聞いてみるといいだろう。「いや、DXなら何でも……」という回答が返ってくることがほとんどである。

なぜ、この返答がおかしいのか。もし「利益が出ている企業の事例を教えてほしい」と聞かれたら、普通は「どういう業種の事例ですか？」「売上アップに成功した企業ですか？コストダウンに成功した企業ですか？」などと、より詳しい情報を求めるはずである。「何でもいいから利益を出している会社の事例を挙げよ」などという指示はあり得ない。

つまり、「何でもいいのでDXの成功事例を」という要望を出すような人は、「デジタルで何かを変える」ということのイメージがまったく描けていないのだ。

そもそも、いくら最先端の事例を学んだところで、それが自社の既存の業務や課題にそのままポコッとはまるとは考えにくい。逆に言えば、前例がないからうまくいかないというものでもない。

悪しき前例主義に巻き込まれないよう、くれぐれも注意したいところだ。

❖「分析中毒」に要注意

にもかかわらず、DXを推進する側が「前例主義」に陥ってしまっているようなケースも散見される。DXプロジェクトの仕事が、「事例を調べること」になってしまうのだ。

偏差値の高いお勉強得意系のメンバーが多い企業ほど、その目的を忘れて調べること自体にハマってしまう「分析中毒」に陥りやすい。そして、壮大な調査レポートを作ることに全精力を注ぎ、そこでDXの検討が終わってしまったりする。あるいは経営陣から「こういう事例はどうなっているの?」という追加の問題を受け取っては、「喜んで!」と引き続きの分析に勤《いそ》しんでしまうというのが、お決まりのパターンである。

なお、チームがこうした分析中毒に陥っているようなら、そもそも上長が悪い。部門なりプロジェクトなりの責任者が、事例を調べる意義・目的を明確に打ち出していなければ、メンバーが単なる調査に明け暮れてしまうのは必然である。

❖バズワードは悪いことばかりではない

ただし、事例も使い方次第だ。

例えば、ＤＸまわりのバズワードとして、本原稿を執筆しているタイミングでは「５Ｇ」や「ワーケーション」などが挙げられる。「通信のスピードがより速くなる」「どこでも仕事ができる」というコンセプト自体は決して目新しくないものだが、やれ「５Ｇの時代だ」「これからはワーケーションだ」という盛り上がりがあると、「じゃあ、ちょっとやってみようかな」という動きが起こるのも事実。

あくまできっかけとして使い、その盛り上がりを本格始動のスイッチにできるのであれば、最新事例やバズワードを使う意味もあるだろう。

ちなみに「他社事例はありませんか？」という質問と似ているが少し違ったパターンとして、「ＤＸを進めやすい業種ってあるんですかね？」という質問を受けることも多い。着手しやすさという観点で言えば、社員のＩＴリテラシーが標準的に高かったり、使えるデータが集まっているかはさておきオンラインでの顧客接点を持っていたり、業務の整流化が進んでいたりする業種は、着手のハードルが低いことは確かだ。短期的な成果も出やすいだろう。

しかしながら、逆に「着手しにくい」業種や会社ほど、「やったほうがいい」かつ「効果の伸びしろも大きい」ことがほとんどである。

他社事例も業界特性も参考程度にするのはいいが、結局、やるのは自分の会社である。前例や業種を言い訳にすることなく、千里の道も一歩から、自己最速を目指して前進するのみである。

他社事例にヒントはあっても、答えはない
――自社を知ることも重要

❖他社事例を深く学ぶためには？

「他社事例の調べ過ぎの問題」はすでに述べた。他社の取り組みを知ることは、自社のＤＸを考えるにあたって何らかのヒントを与えてはくれるが、それをそのまま自社に当てはめることは不可能だ。

だからと言ってもちろん、他社事例を学ぶ必要がないということではない。むしろ、ＤＸのスタートにおいては、自社の事業を巡っていかなるＤＸが進行しているのか、それが業務レベル、戦略レベル、事業モデルレベルでどんなインパクトを及ぼし得るのかを定常的に把握することが不可欠だ。特にＤＸに対する具体的なイメージが湧かない状況においては、具体例を知ることには大いに意味がある。

では、どう学べばいいのか。まずは「○○社がこのようなことをやった」という表面的な情報ではなく、その裏にある詳細およびその意図まで把握しておくべきだろう。

例えば「A社とB社がハンコの全面廃止を発表しました」という情報があるなら、「具体的にどんなハンコを廃止したのか（決裁印含めすべて廃止したのか、単に習慣上押していたハンコを廃止したのか）」「アクション自体をなくしたのか、電子化したのか」といったことまで押さえておきたい。さらには、A社とB社では何か違いがあるのか。あるとしたらその理由は何かまで調べてこそ、価値ある情報となる。

あるいは、「SaaSビジネスが成長しています。X社もY社もSaaSモデルに注力するようです」というくらいの情報なら、新聞やネットでいくらでも手に入る。それに加えて、なぜ今SaaSビジネスが急拡大してきたのか、SaaSビジネス成功の要因となる肝は何かといった歴史やゲームのルールにまで話が及んでこそ、調べた意味があると言えるのである。

自ら何かを実行していくためには、「一般解」に加え、自分たちならではの想いや置かれている環境、そして実践を重ねることによって導出される「固有解」が必要である。そこまで踏まえたリサーチを行なえば、十分に役立つ情報となるだろう。

また、優れたＤＸ施策は最初の発射台となる「点」だけにとどまらず、その後の広がりまでを意識したものであることが多い。「ハンコ廃止」のようにわかりやすくて具体的な特定の「点」の先に何があるのか、全体を俯瞰する鳥の目が必要となる。

このような視点を持って分析することで、それは生きた他社事例となる。

❖事業の歴史に大きなヒントあり

こうした情報を集める際に有益な視点として、「歴史」を知ろうとすることが挙げられる。その事業の本質は、その歴史の中にあることが多いからだ。

どのように事業を発展させてきたのか、そして、どういう流れでＤＸを推進するに至ったのか。こうした歴史まで踏まえて事例を分析することで、より多くの学びを得ることができる。先述したコマツの事例も、「ＫＯＭＴＲＡＸの導入により、製品単体の売上からサービス全体の売上への転換を果たした、以上」にとどまるリサーチと、そもそもＫＯＭＴＲＡＸを開発したきっかけや本格始動に踏み出した理由、どれくらいの時間をかけてそのサービスの磨き込みを行ったのか、といったことまで調べたリサーチとでは、価値がまったく異なるだろう。

この視点があれば、例えばGAFAが手掛けているような最先端の事例からもヒントを得ることが可能になる。

こうした事例を表面的に捉えると、「すごい話だが、わが社には無理だ」と、最初から別世界の話だと考えてしまいがちだ。しかし、本当に大事なのは、彼らがどのような経緯を経てそこに至ったのかを知ることだ。

例えばアマゾンが最高益を叩き出し続け、ついに「アマゾンフレッシュ」で生鮮食品市場に進出したという情報を前に、「すごい。とても真似できない」という感想だけで終わってしまっては、得るものは何もない。

アマゾンの「ミッション」について調べてみたことがあるだろうか。そのミッションとは、「to be Earth's most customer centric company」(地球上で最もお客様を大切にする企業であること)。振り返ってみると、自宅ガレージから始まったアマゾンの歩みのすべては、強烈なまでにこのミッションに従っていることがわかる。

モノに足が生えて勝手に歩くことはない以上、顧客への利便性向上に「物流の充実」は欠かすことができない。その考え方の下、アマゾンは書籍という、品質管理や差別化が不要で市場も大きい商品からビジネスをスタートさせ、徐々に他の商品に展開していった。そして今や、日本人の海外旅行時訪問先定番であるスーパーマーケットのホールフーズまでも傘下に抱えるに至っているが、彼らにとってはホールフーズの店舗やバックヤードの冷蔵庫も、顧客の利便性の充実を図るために重要な物流拠点という位置づけなのである。「アマゾンプライム」で提供している動画などのコンテンツに目が行きがちであるが、アマゾンの本質はこのミッションにこそあることがわかる。「ミッションや本質にどれだけ集中できるかが成功の肝になる」「オペレーションの徹底的な高度化で業界覇者になれる」ということならば、どんな企業にとっても参考になるだろう。

さらに言えば、そんなアマゾンでさえ「Fire Phone」のような撤退するに至った事業もあるし、より運営者フレンドリーである「Shopify」がEC市場で頭角を現し始めているといったニュースもある。このことから、「重視されていない側のステークホルダーの課題解決に注目してみることで、巨人のいる市場に風穴を開けられる可能性がある」という学びも得られるだろう。

今さらGAFAのような最先端の企業に伍《ご》するのは不可能だ、と思う人もいるかもしれない。だが、彼らが今後も安泰だとは限らない。欧米ではすでに、あまりに力を持ち過ぎたGAFAに対する規制が本格化し始めている。

❖調査は他社だけではなく、自社についても行う

もう一つ、事例から学ぶにあたって重要な視点がある。それは**「他社事例を自社の現状と比べてみる」**という視点だ。

例えば、他社の「脱ハンコ」の事例を報告するにあたって、同時に「自社では今、どのようなルールでハンコが使われているのか」「1日にどのくらいの量のハンコが押されているのか」まで調べて報告できれば、その事例からより深い洞察が得られるだろう。さらに、「もし、同様の仕組みを自社に入れたらどうなるのか」まで報告できれば完璧だ。

どんな会社にも「DX反対派」の人間はいるもので、「ウチではムリだよ」などと揚げ足を取ろうと手ぐすね引いて待っている。ここまで押さえた報告ができれば、反論を先回りしてつぶすこともできる。

つまり、他社事例の調査と並行して、自社の調査も進めるべきだということだ。

しかし、自社のデータを把握している人は意外と少ない。その結果、他社の素晴らしい

事例を報告した直後に、「あれ、そんなことならわが社もやってるよ」と指摘されたり、先述のような「でも、ウチではムリかもね」という頭ごなしの反対にあうことになる。もちろん逆に、自社のあまりの遅れに愕然とすることもあるわけだが、どちらにしても自社の現状を把握していなければ、どこから何を始めていいかもわからない。

その際、自社の歴史を知っておくことも重要となる。たまに、企業の担当者に「この事業ってどうやって始まったんですか？」と聞くと、担当であるにもかかわらず「何でですかねー」というずっこける答えが返ってくることも多いが、本当にその事業のことを考えている責任者なら、その歴史も意義もスラスラと答えられなくてはならない。

❖デッドラインと上長の意識・能力改革を

歴史や背景を知るべき、自社も深掘りすべき……と言っていると、いくら時間があっても足りないように思えてしまうが、ここでも「調べ過ぎない」ことの重要性に変わりはなく、どうせ調べるなら「時間をかけずにその質を上げるべし」ということになろう。期日を決めて、「ここまでに最大限調べる」としたうえで、間に合わなければ、そもそも優先順位が低い、いくら調べたところでリソース投下ができないということで、「検討をストップする」という選択肢も含めて、前に進むことがとにもかくにも重要となる。

そして、調べたら「調べっぱなし」にしないことだ。「調べて何もしない」は、他社事例調査だけでなく、M＆Aのデューデリジェンスレポートも含めて、日本企業で非常に起こりがちな問題である。

調べたことを「調べっぱなし」にしないために重要なのは、「何を取り入れ、何をやらないか」を決めることだ。すべてを事例通りにやることなど不可能だし、自社でやるにはリスクが高いこともあるだろう。しかし、そのうちの一部でも役立つものがあれば、すぐに取り入れればいい。時間は限られており、無駄遣いしないことが肝要だ。

自社を巡るＤＸ全体動向の把握は必要なことである。だが、それを次に繋がる意味ある活動にするか、単なる時間の無駄遣いに終わってしまうかは、ＤＸ推進リーダーの力量にかかっている。

❖自分たちなりの「最速」で進めればいい

結局、それぞれの企業には固有の歴史があり、社風がある。どんな企業でも同じように

ＤＸが進められるわけでもない。

　例えば、平均年齢が高く、部門間の異動も少なく人材が硬直化した企業と、平均年齢が若く、これまで事業・組織の新陳代謝を何度も繰り返してきたような企業が、同じスピード感でＤＸを進められるわけがない。でも、それでいいのだ。ＤＸは特定の前提条件を満たした一部企業のみが果実を得られるというものではないし、一部分だけでも進めれば進めるだけ、メリットがある。

　ともあれ、他社のことを気にするよりも、自分たちの可能なスピードでなるべく早く進めればいい。どんなに変化しにくい企業でも、自分たちの時間軸を10倍速にするくらいのつもりで進めれば、必ずや変われるだろう。ＤＸの推進は他社との競争ではないし、他社と同じくらいまで進んでいればいいというものでもないのだ。

「より便利に、簡単に」でなければ、DXではない
——既存業務見直しのコツ

DXあるある病④
～「DXから雇用を守れ」の不思議～

「このままDXを進めて現場の仕事が削減されると、雇用がなくなる。雇用を守らないといけない」という声が社内で上がっている。でも、そういう声が上がるということは、終身雇用の名の下に「うちの会社を途中で辞めたら他で働くところはないよ」という仕組みを会社全体で作っていたってことなんじゃないだろうか。DXを機に人事制度のあり方を抜本的に見直す時期に来ているのかもしれない。

でも、うちの人事部はそんなことを考える気配がまったくないな。そもそも、自分はこのDXの波から逃げ切れるのだろうか……。

❖既存業務の見直しがスタート

ＤＸは本来、産業構造のトランスフォーメーション（ＩＸ）を起こすほど大きな可能性を持ったものであるものの、実務的なスタートは、既存業務の見直しであることが多い。短期間で「いいこと」が目に見えやすい効果があるからだ。

業務の見直しを一回りさせるのにどれくらい時間がかかるのかという質問を受けることも多いが、常日頃から見直しが進んでいればそれは短くてすむだろうし、長きにわたって業務が見直されておらず、仕組みが複雑で重畳《ちょうじょう》化していれば、それは時間がかかるとしか言いようがない。「片づけにどれくらい時間がかかりますか」という問いとある意味同じであり、片づけが定期的にされていればそれほど時間はかからないだろうし、ずっと片づけされていなかったり、片づけする範囲が広ければ、それは大変な作業になるだろう。

そもそも、アナログだろうとデジタルだろうと、業務というのは一定期間における見直しが必ず求められるものである。

手つかずの期間が長ければ長いほど、思わず先送りしたくなるのが人間の心理だが、先送りすればするほど事態は良くない方向に向かうことは言うまでもない。**ＤＸをきっかけに、徹底的な業務の見直しをする**ことをお勧めしたい。今回のコロナショックも、そのきっかけの一つとなるだろう。

なお、変えることが目的ではないので、その見直しは「変える必要がない」という結論に至ることも含む。何でもかんでも見直せばいいというものではない。

❖そのＤＸは「便利・簡単」を実現しているか？

これは先述したが、日本企業の悪しき伝統として、何かを変えたり加えたりする時に、「捨てる」ということをしないことが多い。その結果、既存のやり方に上乗せし、結果的に仕組みが複雑になったり、やることがむしろ増えてしまう。

単純な例で言うと、「せっかくクラウド上で完結するワークフローを導入したのに、既存の紙ベース決裁も並行して行われている」「オンラインストレージで書類を管理するシステムを導入したのに、念のためプリントアウトして紙でも保管しておく」というような意味不明な状況だ。こうした無駄としか言えないケースは、実際にあちこちの企業で起きている。

そもそもトランスフォーメーションは「より良く」するために起こすものだ。より複雑になったり面倒になったりするとしたら、いくらデジタルを導入したとしても、それは「DX」にはなり得ない。ある業務にAIを導入することで分析・解析のアルゴリズムが複雑になるといった、機械的な処理内容が複雑になることはあっても、業務を行う人や価値提供を受ける顧客にとっては、「より便利・簡単」が実現されていなければならないのだ。

それを導入することで**「業務はよりシンプルになるか」「従業員がもっと働きやすくなるか」「顧客により良い価値を提供できるか」**に対してYESと答えられるかどうかが試金石となるだろう。

もし、その問いへの答えがNOなら、何のためにそれをやるのか、やり方を変える必要はないのか、そもそもやる意味がないのではないか、という点に立ち返って考え直すことが求められる。

❖DXが仕事を奪う?

なお、DXで何を実現するかの議論において、「顧客への価値提供」や「従業員の働きやすさを追求していく」に関しては問題にならないものの、「業務をシンプルにする」、つまりは「業務を見直す」という方向性の議論については、注意が必要だ。「今までの仕事が奪われるのではないか」「ひいてはリストラに繋がるのではないか」という恐怖心が先行し、強硬な抵抗にあうことがあるからだ。

しかも、こうした抵抗を受けて、「雇用を守らないといけないので、既存業務に関わるDXはしません！」という謎の結論に向かおうとするケースすらある。これこそ、今しか考えていないケースの典型であろう。

人口減少で人的リソースが貴重になっていく中、業務量を埋めるための業務にはまったく意味がない。そんなことをしていては、DXどころか何事においても変化できずに廃れていく。つまりは結果的に、事業や社員を窮境に陥らせることになる。

改めて言うまでもない話だが、別にリストラありきで業務を見直すわけではない。業務見直しのDXは、デジタルを使うことで業務をもっとより良くできないかを追求するとともに、そもそもデジタル以前に不要な業務はないかを考え、それを削減していくという前向きな活動だ。それをマネジメントはしっかりと伝える必要がある。

DX推進は「トップのコミットメント」と役員の「腹落ち」から

DXあるある病⑤
～なぜあの役員は水を差す発言ばかりするのか～

最初は戸惑いがあったDXプロジェクトだけど、実務メンバーは徐々に慣れてきたようで、中でも若手はキャッチアップが早い。一方、問題は経営陣だ。特に「自部門代表」の意識が強い役員は、何かを変えること自体が面白くないらしく、「そもそも今まで通りでいいんじゃない」なんてセリフをしょっちゅうつぶやいている。でも、心のどこかでは「教えてほしいな」「仲間に入りたいな」「役に立ちたいな」とも思っており、プライドとの狭間で悩んでいるだけのような……。

❖トップ自ら先頭に立ち、責任感ある借り物競争を

「ＤＸにはトップのコミットメントが必要だ」というメッセージはあちこちで聞くが、まったくその通りである。さらに言えば、コミットメント「風味」ではなく、本当にコミットすることが必須だ。

「ＤＸに興味がある」「取り入れたい」という言葉を発するだけでなく、トップ自ら変わる姿勢を真剣に見せる必要がある。トップマネジメント自らがＤＸへの理解を深め、かつ深めるための努力を継続する。具体的なデジタル化の作業に携われとか、分厚い専門書を何冊も読破しろということではないが、経営者がＤＸについてどれだけ理解できるかは、それを経営の切り札にできるかどうかの重要なポイントになる。

その過程では社内の人間からの抵抗や無視などが横行するかもしれないが、それでもトップ自ら「やるぞ、やるぞ」と言い続け、みんなが降参するまで頑張るしかない。

一方、あなたがもしＤＸの推進担当者だとしたら、自らがトップを説得し、トップ自らがＤＸにコミットする姿勢を取ってもらうようにしなくてはならない。いくら現場が頑

張ったところで、トップが「何だかよくわからないけど、適当にやっといてよ」という姿勢では、社員は絶対についてこないからだ。

❖経営陣全体での「腹落ち」を経て、逃げさせない

また、経営トップのコミットメントに加えて、経営陣全体での「腹落ち」を獲得することも重要である。「社長が言っているだけだから」と言わせないためにも、DXに取り組む意義、「何を目指しどう進めるのか」「いつまでに何を実現してどのような人的・金銭的リソースを投下するのか」といった大方針について、経営陣全体で徹底的に議論を交わし、同意を得ておく必要がある。

日本の社内取締役は、営業、経理、生産などそれぞれの出身母体のボスという側面が強い。それが行き過ぎると会社全体のことよりも、「自分の出身母体」というパーツを重視するような判断をしかねない。DXプロジェクトについても誰かが実行の責任者にはなるだろうが、その活動は会社全体に関わるものであり、それぞれの取締役の担当領域に部門横断で関わってくることになる。

だからこそ、**どの取締役にも「自分は関係ない」とは言わせないし思わせないという**

環境を構築することが、ＤＸ推進上は非常に重要である。

ずっと続くＤＸマラソンの過程においては、時に軌道修正をしなければいけないことも出てくる。最初の時点できちんと巻き込んでおかないと、軌道修正する際に担当以外の役員が「ほれ見たことか」といきなり評論家に変身することも十分あり得る。

経営陣の「腹落ち」の重要さはＤＸに限った話ではないが、実際には取締役会がその機能をまったく果たしていない会社は多いものだ。事前に根回しを完了させた案件報告会になっていたり、執行責任者に任せる以外に選択肢がないような、議論のしようもない議案ばかりが並んでいたりすることは多々ある。

こうした企業では社外取締役の活用なども含め、ガバナンス全体をトランスフォーメーションする必要があるだろう。ＤＸをそのきっかけにするのは一案だ。

❖役員を巻き込むためには「アナログな施策」を？

ちなみに、実際のＤＸ推進の現場を見ていると、経営トップはその重要性を理解していても、その他の幹部メンバーがついていけないというケースが多い。

これは実際にあった話だが、これからはSNSによる発信を仕掛けていこうという話になった時に、ある役員が「SNSに書き込む内容は、どうやって承認するんだ？」と聞いたのだという。言うまでもないが、書き込む内容についていちいち役員決裁を上げていたら、SNSの運用などままならない。

ただこれは、聞いてくれるだけマシなのだ。多くの人は自分にはわからないからと口をつぐんでしまう。そして、DXに対して心の中で壁を作ってしまう。

この問題に関するスマートな回答はないが、経営陣がデジタル部門などに気軽に相談できるホットライン的な環境を作ってあげたり、デジタル部門メンバーと経営陣が、ご飯を食べながらざっくばらんにデジタルのお悩みを吐露できる機会を作ったり（コロナ禍の中では少々難しいが）、というアナログな策が意外と功を奏する。

「急がば回れ」ではないものの、こうしたちょっとウェットな取り組みをセットすることが、最終的には近道ということが多い。

❖「決めない」「遅い」が最大の罪

少々話が飛ぶが、DX推進にあたって外部の企業の力を借りようとするケースは多い。

中でも、最新の潮流を捉えたベンチャーとの提携は、うまくいけば大きな効果を発揮する。

この際、重要なのが**「トップ自らがベンチャーとの接点を求める」**ことだ。しかし、意外とこれをやらないトップが多い。IR資料では「オープンイノベーションでの成長を」と言っておきながら、実際には「あとはよろしく」で部下に丸投げしてしまい、現場に出てこない。

DXに限らず、新たな潮流をしっかりつかまえ自社に取り込めている会社は、トップ自らがその最先端に触れ、自分の目と耳と頭でそれを理解しようとしている。ベンチャーとの接点は、その絶好の機会だと理解しているからこそ、優秀なトップほどベンチャーと直接会おうとするのだ。

一方で、トップの下にいる人間が止めているケースもある。いわく、「中途半端に聞きかじったあげく、『あとは何とか考えて』と言われて迷惑だから、そうした場にトップマネジメントを出したくない」ということなのだが、そうであればそもそもベンチャーとの接触自体を会社としてやめるべきである。

実らせるつもりのないオープンイノベーションごっこにつき合わされるのでは、ベンチャーも迷惑だ。もっとも、こうした企業の「DXごっこ」につき合わされているベンチャーの嘆きはよく聞く。

一方、逆の方向に振れて、「その製品・サービスを絶対に採用できるかわからないし、技術にも詳しくないけど、ベンチャーに話を聞きに行っても大丈夫だろうか……」という心配の声を聞くことも多い。本当にベンチャーに申し訳ないと思っているのか、技術に詳しくないと思われたくないという自己防衛なのかわからない面もあるが、ビジネスである以上「話を聞いたら買わないといけない」などという恐ろしいことはあり得ない。むしろその発想は、事業上のパートナーとしてまっすぐにベンチャーを見ていないとも言えるだろう。遠慮する必要はまったくない。

より気にするべきは、結論がＧｏであろうとＮｏ Ｇｏであろうと、「決めない」「遅い」ことである。

ベンチャーにとってスピードは何よりの価値を持つ。のろのろしているうちに世の中のビジネスも技術もどんどん進んでいく。にもかかわらず、明確な理由もないまま「慎重」「拙速は良くない」という便利な言い訳の下ダラダラしている状況は、ベンチャーにとって極めてストレスだ。

「そんなことならもっと早い時点で断ってくれよ」という話である。もちろん、ここで費やされた時間は、自分たちの会社にとっても何の意味もない。

❖「権限委譲」も大企業の大きな課題

この「決めない」「遅い」問題は、DXでも、オープンイノベーションでも、CVC（コーポレートベンチャーキャピタル）でも、ベンチャー買収でも何でも同じだが、企業の規模が大きくなればなるほど顕在化してくる。現在の大企業の最大かつ最悪の問題点だとすら言える。

だからこそ、DX推進にあたってはトップが前面に立ち、判断をすべきなのである。あるいは、現場の理解度が非常に高く信頼できる場合は、思い切って現場の責任者に権限委譲をして、意思決定を加速化していく仕組みを作り上げるべきである。

ベンチャーが役員クラスと会いたがるのは、別に役員の名刺が欲しいからでも、「あの会社の社長、知ってるよ」と言いたいからでもなく、大企業になればなるほど、現場の部課長には決める権限も意思もないことをよく知っているからである。

そもそも「決める」という経験をしないまま、部課長たちが昇進していくのは、極めて危険である。特に大企業において、そうした傾向が強い。DXプロジェクトを「決める」ための訓練の場とするのも一案だろう。

権限委譲をしていくことは、経営トップが何に時間を使うべきかを明確にすることと同義である。DXをきっかけに意思決定の仕組みを見直していくべきだろう。先述の「DXをきっかけに業務を見直す」ことと同じく、意思決定の仕組みの見直しについてもDXはよいきっかけとなるのだ。

column

DX悪魔の辞典②

「Society5.0」：現時点で40歳以上の日本人サラリーマンのほとんどの人生が、受けた教育から積み上げた学歴、職歴に至るまで、根こそぎ否定される社会。

（解説） 役所や経済界やアカデミアの主に40歳以上のサラリーマンな日本人おじさんたちが集まって作ったデジタル時代の未来社会ビジョン。中身はとてもよくできているが、これが実現する社会においては、明治以来の工業化モデル、対先進国キャッチアップ型モデル、終身年功制の同質的で非流動的な集団による改善改良モデルに、教育、学歴、職歴のあらゆる面で適応してきた人々の人生はほぼ全否定となる。

古いモデルの勝ち組のおじさんたちが自らの人生が否定される社会を描き出したのは、自覚がなければ喜劇的な悲劇だし、自覚があれば英雄的行為とも言える。

「第4次産業革命」：人類史上4度目の既存産業の大量殺戮。ただし本気で腹をくくって「両利き経営」企業へ根こそぎ会社大改造を完遂できれば生存チャンスあり。

（解説）歴史を語る時に「産業革命」という言葉は、とてもナイスに響く。しかし、その時代の真っただ中を生きている人たちの多くは、それ以前に主流だった旧産業に従事している時に革命に遭遇する。

18世紀半ばに英国から始まった第1次産業革命以前、圧倒的多数の人々は第一次産業（農林水産業）に従事していた。しかし、産業革命期に農業の大規模化が進み農村人口は工業地帯へシフトし、その多くは劣悪な環境の工業従事者となった。後世の人々は主にその恩恵にあずかれるが、革命は破壊性があるので、同時代の当事者はボーッとしていると企業も個人もひどい目にあう。

今、第4次産業革命の時代だとするなら、本気で腹をくくって産業革命の果実を取り込める「両利き経営」の企業へと破壊的な自己改革、自己改造をしない限り、当面は悲惨な時代を経験することになる。

「デザイン思考」：非デザイン思考でない思考。

（解説）これ自体は古くからあった概念で、その中身も時代趨勢の中で変化しているが、今流行りのものは、大雑把に言うと、問題の所在や思考目的自体が不明確なところから、思考や議論を自由にスタートすることを勧めるもので、デジタルがらみのビジョン作りや新規事業開発の会議とかで、「デザイン思考本」を頼りによく使われている。誰かの書いた本をマニュアルにして思考すること自体、デザイン思考的ではない感じはするが、これもＤＸ時代の流行である。

確かに現在のように環境変化が激しく、ＤＸの進展で顧客の潜在的・顕在的な欲求、それも多くは官能的で曖昧なニーズ、ウォンツに対して個別的かつ直接的な価値訴求が可能になった時代にはフィットしている問題探索&解決アプローチではある。ただ、思考が始まったあとの中身はどの本を読んでも、昔からある「自分の頭で考える」ことに収斂《しゅうれん》していて、特に新奇なものはない。その意味で、非デザイン思考でない思考、例えば入試に典型的な「あらかじめ正解のある問いに対し効率的に答えを出す」、あるいは

「上司の意図や組織の空気を読んで答えを出す」といったような、日本の優等生サラリーマン的な思考でないものはすべてデザイン思考と考えたほうがよさそうだ。

「VUCA（ブーカ）」：DXに関して愚痴をいう時の枕詞。

（解説）ＤＸ時代の経営環境を、「Volatility（変動性）」「Uncertainty（不確実性）」「Complexity（複雑性）」「Ambiguity（曖昧性）」の頭文字を取って「ＶＵＣＡの時代」と呼び、経営者のスピーチや経営評論の枕に頻繁に使われる。しかし、昔の経営本や経済団体の報告書などでも必ず、「現代はまさに激動の時代であり、未来は不確実……」みたいなことは書いてあり、とりわけ新しい話ではない。

よく言えば危機感を喚起するため、悪く言えば「自分たちはこんな難しい時代に経営のかじ取りをしているので、うまくいかなくても大目に見てね」という期待値コントロールの枕詞《まくらことば》みたいなもの。まあ、ＤＸの破壊性は確かにＶＵＣＡの度合いを高めているのは事実なので、その分、経営難度は著しく上がっている。今後「ＶＵＣＡの時代だから……」は、ＤＸ経営がうまくいかない愚痴を言う時の枕詞として使われる頻度が激増することは容易に想像できる。

「UX（ユーザーエクスペリエンス）」：調査会社が売り込みで使う新手のユーザー調査の切り口。

（解説） ネットビジネスやデジタルツール（典型的にはスマホやＰＣ）の世界で、ユーザーとサービス、ユーザーとツールの間のインターフェースが重要なことは言うまでもない。

ＵＩ（ユーザーインターフェース）の評価と改善改良には、ＤＸ経営において多くの資源が割かれてきた。この数年、それをさらに発展させたものとして「ＵＸ」という言葉が使われるようになってきたが、多くの場合、その発展の本質的な意味が理解されず、ＵＩに関する評価や調査を少し深掘りして調べる程度の概念と捉えられている。調査会社やコンサル会社から見ると「これからはＵＸを調査しましょう」という営業用語になっていることが多い。

しかし、拡大加速するＤＸは、顧客が対価を払う対象の本質が「モノからコトへ」シフトする流れをますます強める。AI／IoT／ビッグデータフェーズになると、顧客が価値を認める「コト」はまさに、デジタル技術が生み出すUXそのものになる。すなわちUXはDX経営における商品そのものであり、インターフェースとは次元が異なる概念となる。この本質を捉えてUXを経営している会社はまだ非常に少ない。

「RPA（ロボティック・プロセス・オートメーション）」：企業にとってのぶらさがり健康器。会社の健康に有効なお手軽ツールかと思ったら、実は辛いので使われなくなる。

（解説）デジタル技術による業務効率化のマジックツールとしてもてはやされ、結構売れているITツール。中身は以前からあるルールベースのアルゴリズムであり、明らかに「ロボティック」というAIブームとも連動するコピーの勝利。

しかし、従来業務のRPAへの置き換えは、その移行作業自体に相当な負荷がかかるのと、業務全体の変容、特に定型化、標準化を行う必要があるので、人間の側も変容を迫られる。

その究極のケースは人員削減となる。欧米で「RPAは必ずしも人減らしには直結しない」趣旨の論文がいくつか出ているが、これはＲＰＡ化による業務改善、生産性向上の多くは人員削減効果によることの裏返しである。

ＲＰＡのような業務の定型化×自動化アプローチは、ジョブ定義を曖昧にして終身雇用のメンバーシップ型で働きながら業務の改善改良を継続する日本的経営スタイルと根本的に相性が悪い。経理業務などは比較的定型化に馴染むが、今度は「ＲＰＡがあるから簿記会計は知らなくていい」と考える勘違い人間を生む。簿記会計がわからなければＲＰＡのアルゴリズムもわからない。したがって出てきた数字の意味が経営的に理解できず、経営ツールとしては役に立たない。

こうした労力を惜しむ、すなわち楽に会社を元気にできる道具を期待すると、かつて流行ったぶらさがり健康器のように、気がついたら洗濯干し用のハンガー掛けになってしまう。

さて、いかがだろうか。10年後、20年後に私たちが悪魔にせせら笑われないようにしたいものである。

CHAPTER-3

DX推進のリアル・ノウハウ

ダイアログ3

「急いでデジタル人材を取ってこい！」

（某月某所・中途採用面接の場にて）

人事部長「なるほど、あの○○社で5年間キャリアを積んできたわけだね。素晴らしい。ぜひわが社のＤＸに力を貸してほしい」

B君「ありがとうございます。ちなみに、ＤＸはどのような分野からスタートするご予定ですか」

人事部長「うん、そこも含めてぜひB君に任せたいと思っているんだ。あらゆる分野で、いろいろやってほしいと思っているんだ」

B君「あらゆる分野でいろいろ、ですか……。私は正直、マーケティング関係の分析を専門としてきたので、業務効率化などは専門外なのですが」

人事部長「まぁ、同じDXなんだから、何とかなるんじゃないの？　ところで給与の件なんだけど……」

「誰を中心に進めるか」で、DXの成否は決まる

——プロジェクトチームの作り方

DXあるある病⑥

～「誰が」の正当性の重要さを認識していない～

みんなが「いいね」「適任だね」という人選なんてあり得ないことはわかっている。でも、責任者や担当者が「なぜあの人？」と誰もが疑問に思うような人になってしまっては、プロジェクトなど100％うまくいくわけがない。そして今まさに、その間違いが起きている。

もちろん、彼らが選ばれた理由がわからないわけではないが、どうしても心情的に協力したいと思えない人選になっている。せめて、「協力しないと仕方ないね」と思えるような人が一人でも入っていれば、こちらもやる気になるというものだが……。

❖「What・How」よりも重要な「Who」

DXについてのトップおよび経営陣のコミットが獲得できたところで、次に、その実行を誰がどのように推進するのかの具体論が重要となる。

DXを推進するにあたっては、頭でっかちに「何をやるか」ばかりについつい気がいってしまうが、**仕掛けを定着させる、組織を動かすためには「誰が」こそがカギとなる。**「何を」の軌道修正は、「誰が」を外していなければ受け入れ可能なものの、「誰が」を外してしまうと、「何を」が良くても関係者の気持ちがもはやついてこないからである。

「デジタルの話なのに、気持ちかよ」と思われるかもしれないが、手段がデジタルなだけであってその推進をするのは人間である以上、どこまで行っても「気持ち」を無視することはできない。

そう考えた時、プロジェクトのトップには、社内で顔が利いて、「あの人が言うなら仕方ないなあ。協力してみるか」という巻き込み力の高いメンバーが就き、チームを先導することが重要となる。デジタルの知識は重要ではあるが、それは周囲のメンバーでも補うことができるだろう。

　こういう人がいないままデジタル技術に詳しいメンバーのみでプロジェクトを進めようとすると、社員の気持ちを無視した一般論に従って作業が進められてしまい、社内に「やらされ感」が蔓延する。そして、最初だけ頑張ったあとに尻すぼみという結果に終わり、アンタッチャブルな黒歴史となってしまう。

　これはマネジメント全般に言えることだが、現状の延長線上を飛び越えるような不連続環境での意思決定をする時には、社員の感情をまったく無視しろとまでは言わないが、社員の気持ちを考え過ぎてしまっては決断ができなくなる。

　一方、現状の延長線上にあるような分野の改革においては、むしろ社員の気持ちを優先することがカギになる。

　その意味で、既存業務の見直しを行うＤＸの最初のフェーズにおいては、関わる人の気持ちをうまく盛り上げることが重要である。ただその先には、先述した人事評価体系の見直しなど、現状を飛び越えた不連続環境での意思決定をする必要が多くの企業で出てくる。

　しかしながら、こうした不連続の意思決定時になぜか社員の気持ちを気にする一方で、現状の延長線上にあるものはなぜか社員の気持ちを軽視するというダメなマネジメントが横行しているというのが、多くの企業の現状なのである。

❖「あの会社のデジタル部門トップを招聘」のワナ

ＤＸ推進において、「まずは外部の有識者を招聘《しょうへい》して……」というのは、典型的なパターンである。「○○社でデジタル部門のトップだったＡさんを招聘」というようなニュースを聞くことも多い。

「知識」「経験」という意味で、デジタルに詳しいメンバーのジョインは心強く、借りられる何かがあるのであれば、それはうまく借りたほうがいい。ただ、その借り方には注意が必要だ。「あなた詳しいんでしょ、何とかしてね」と無責任に押しつける企業や経営者が非常に多いのである。

外部の有識者はデジタルには詳しくても、その会社の業務や組織のクセには詳しくない。かつミッションが不明確だと、改革はうまくいきようがない。その結果、招聘された人も、関連する部署メンバーも困り果てるというケースがあとを絶たないのだ。

それだけならまだしも、外部から招聘された人が自己保身から社内でのポジション取りに奔走して、派閥を作るような社内政治を始めたり、見た目がいいだけのアウトプットをとりあえず出そうとしたり……というケースすらある。そして、社内には「外から来た人が変なことをしている」「全然現場のことをわかっていない」という悪口がはびこるというオチになる。それは絶対に避けなければいけない。

そう考えた時、外部専門家から借りられるのはあくまでデジタルの知見にとどめておくべきで、**全体のコントロールタワーとなる機能を担う人材は、正当性の点からも社内のしかるべきメンバーしか担い得ない**と考えたほうがいいだろう。

外部から登用した人材をどう機能させるかは、その会社の社風次第だが、「その人を社内スペシャリスト的な立ち位置にして、トップには次世代マネジメント候補を据える」「実質はその人を中心に進めるとしても、対外的には誰か他の社内のメンバーをトップに据える」「その人と現場との繋ぎ役になってくれるメンバーを複数入れる」などという手が考えられるだろう。

いわゆる「プロ経営者」ではないが、コントロールタワー自体も外部から獲得した人材に任せ、何とかしてもらう……というのは、経営危機時のターンアラウンド局面でもない限り、うまく機能しないことのほうが多い。

❖そのデジタル人材は「本物」か？

また、いわゆるプロジェクト推進メンバーに関しても、「わが社にはデジタル人材が不足している」ということで、外部から人を採ってくることもしばしば行われる。ただし、その人材が本物のデジタル人材であるかどうかには、注意を要する。

そもそも、ＤＸ推進は社内をどう動かしていくかがカギになる。最先端を含むデジタル技術の知識がいくら豊富でも、それだけで成果が出るほど甘いものではない。

にもかかわらず、「最先端でこんなことができる、起こっている」ことを滔々《とうとう》と語るような人材は、むしろ胡散《うさん》くさく思われる傾向にある。最新事例を知っていて語れることは、推進実行を現場で担う人たちのＤＸへの興味を引き起こすフックにはなる。しかしながら、最先端事例を明るく元気に紹介するだけでは「ふーん、すごいねえ」で終わってしまうし、「海外はこんなに進んでいて、日本は遅れている」「ＧＡＦＡに追いつけない」と騒いだところで、「海外とかＧＡＦＡとか言われてもさ」と冷たくあしらわれるだけだろう。

はっきり言って、事業や組織に理解があって、デジタルにも詳しいという人材は非常に少ない。もちろん、素養があり、育成していけば将来的にそうなり得る人材ということならそれなりにいるかもしれないが、いきなり「全面的に任せられる」ような即戦力の人材に出会える可能性となると、極めて低いと考えるべきだろう。まずは複数の人材で得意領域を補い合いながら進めていくというのが現実的だろう。

なお、とにかく避けるべきは、「メタ認知力のない人間」、つまり自分を客観視できない人間である。自分の得意／不得意すら理解できていないメンバーとは、補い合うという関係を作ることができないからだ。

これはデジタル人材にかかわらず、DX時代に必要とされる人間の条件は「モノゴトを抽象化する能力」を持つことである。メタ認知力がないということは、モノゴトを抽象化することもできないということである。

デジタル人材を採用するのが悪いわけではないし、社内にデジタルに詳しい人材がまったくいないのであれば、そういう人物を積極的に雇うことは必要になるだろう。だが、先述のような点に注意しないと、宝の持ち腐れになりかねない。

デジタル人材はかなりの売り手市場である中、頑張って採用したにもかかわらず、きちんとワークしないというのではみんなが不幸になる。他社事例を滔々と並べたてるだけで、実際の課題解決に繋げられる柔軟性や行動力がないような人材は雇っている価値がないが、能力、意欲ともにあるのに飼い殺しにされているデジタル人材がいるのであればかわいそうな話である。

❖「あの人がいたから成功した」は危険

なお、ここでは外部から人材を採用するケースを述べたが、社内登用だったとしても同じ話である。成功のためのチームアップについては真剣に固有解を考えるべきであろう。それっぽいメンバーを単純に複数集めただけで勝手に状況が進んでいくほど、DXは簡単ではない。

ちなみに、筆者はこれまで多数のM&A案件に関わってきたが、M&A後の成否を振り返る際、「○○さんがいたから成功した」という説明だけに終わっている例を多数見てきた。実はこれは非常に危険な話で、その○○さんが抜けてしまっては組織能力が大きく下がってしまうことを意味するからだ。

これはDXプロジェクトについても同じことで、**「○○さんがいたからうまくいった」**

という「ピン芸人化」は避けるべきである。もちろん、「誰が」は重要であり、構想や仕組みがいかに熟慮の上に作られていたとしても、当初は担当者がその実効をある程度柔軟に担保するということは否定しない。しかしながら、バイネームの「○○さん」だからこその実効を担保できるという関係は危険だ。ある人物がいなくなってしまうとDXが崩壊してしまう、というのでは本末転倒である。

❖社外専門家とどうつき合うか

ちなみに、デジタル知見に関して社外専門家の力を借りることも多いと考えられるが、こちらがまだ何の考えもなしの状態で相談すると、相手のカモになってしまったり、逆に相手側に無茶苦茶な要求をすることになってしまう可能性が高い。また、妙にケチって「これはタダで」「もっと安く」などと求め続ける会社も嫌われるだろう。

一方、社内でさんざんこねくり回したあとに専門家のところに持っていって、「この構想・計画を何とか直して」と言われるのも、頼まれる側からするとこれまた困ったものである。いろいろな調味料を入れ過ぎてどうしようもなくなった料理を何とかしてくれと言われても、それは何ともしようがない。

そういう意味では、社内で一定の検討をしたのち、「やはり専門家に頼ったほうがいい」という判断をしたうえで「借り物競争」に移るのがいいだろう。

なお、医者の不養生ではないが、DXをサービスメニューに掲げているプレイヤーは、他社のDX推進に関与しながら、実は自社の環境はまったくDXされていない、というケースも多いので注意が必要だ。このようなプレイヤーに、リアリティあるサポートを求めるのは難しい。

こういうプレイヤーの特徴として、自社製のツールを持ってきて「これを使えばいいことがある」という一点張りとなり、「そもそもこのツールを使う必要があるのか」「他のツールのほうがよいのではないか」「誰にどうツールを持たせるべきなのか」「ツールを導入後、どういった問題が起こりそうか」といったような点には話が及ばないことが多い。要は、DXの全体像がわかっていないということだ。

結局、外部の力を借りるにしても、専門家には何の支援を受け、逆に自らの力でやらなければいけないことは何なのかを常に考え続けなければ、外の力をうまく使うことはできない。言いなりになってもいけないし、丸投げもしてはならない。

フレームワークより大事なのは「ゴールとスケジュール」
——目標および期限設定

❖時間軸に応じた「ｗｉｌｌ」「ｃａｎ」「ｍｕｓｔ」を考える

前節でＤＸ推進上の「誰が」の大事さを述べたが、「何を」「いつまでに」を検討することも当然ながら必須である。

具体的には、様々なＤＸ課題について、どの課題をどの次元（業務改善・改革レベル、戦略転換レベル、産業構造と事業モデル転換レベル）のものとして位置づけて取り組むのかを評価、設定し、かつ社内外の状況に応じて随時アップデートしていく必要がある。

その際、思考の軸となるのが「ｗｉｌｌ」「ｃａｎ」「ｍｕｓｔ」である。**ＤＸによってどのようなことを成し遂げたいのか（ｗｉｌｌ）、どんなＤＸが可能なのか（ｃａｎ）、ＤＸで何をしなくてはならないのか（ｍｕｓｔ）の三つの視点から考える**のである。

例えば、「ＤＸによって顧客データをより有効に活用し、リピート割合を○倍にしたい」

「生産プロセスを見える化し、生産計画・人員配置をタイムリーに修正したい」「モノを売るだけではなく、ソフト売上の割合を○％にまで上げたい」といったものがｗｉｌｌとなる。妄想の羅列になってしまってもいけないが、ｃａｎやｍｕｓｔばかり並べてしまうとどうしても「やらされ感」「閉塞感」が出てしまうので、まずはできるかどうかを度外視して「やりたい」という軸で考えてみるのがいいだろう。

一方、ｍｕｓｔは「やらねばならないこと」だ。社内の人口ピラミッドが逆三角形になっており、5年後、10年後に人手不足が必至だというのなら、業務の効率化はまさにｍｕｓｔだ。熟練工の技術を継承するためにＤＸを活用する必要もあるかもしれない。あるいは、若者に選ばれる企業になるために、ＤＸで働きやすい職場を作るという考え方もあるだろう。

そして最後にｃａｎである。「自社ではどんなＤＸが可能なのか」を挙げていく。

さらにはそれを、時間軸で整理していく。これがないと、ＤＸプランは「こんなふうになれればいいいな」というぼんやりしたｗｉｌｌと、「まずはペーパーレス」「まずは顧客リストのデータ化」など、目先のｃａｎだけになってしまいがちだ。

短期（1年）・中期（3～5年）・長期（10年）のそれぞれで、つまりは「いつまでに」とのセットで、「ｗｉｌｌ」「ｃａｎ」「ｍｕｓｔ」を整理すべきだろう。

①業務改革的DX（短期メイン）、②戦略転換的DX（中期メイン）、
③事業モデル転換的DX（新たなつけ足しとしての稼ぎ方は短中期メイン、既存事業モデルの抜本転換は中長期メイン）

長期（10年後）	来週までの要整理事項
●**デジタルを完全に纏った圧倒的な業界ナンバー1企業。若者が入社したい会社になる** （業界ナンバー1の意味はちゃんと考えないと……。そもそも今のX事業とY事業をどうしていくのか。業務のデジタル化だけでは意味がない。稼ぎ方や働き方を根本から変える必要があるのかも。まずは自分達のマインドセットを変えないと……）	●**中長期ビジョン・経営方針との整合性を確かめる** （バクッとしたwillについてチームで議論はしてみたけど、経営陣が出しているビジョン・方針を見て、あらためて考えてみよう。ちゃんとしたビジョン・方針があるのか、ちょっと心配だけど……）
●**AIも活用した「コト」売りカンパニーへの変身** （「サブスク」「クラウド」？　そんな感じの言葉で説明できそう。でも、どういう「コト」を売るのかが大事だ） ●**IoT導入によって、生産及びシフト組みの完全自動化** （そもそも自社でモノを作るべきかもわからないけど……）	●**3〜5年後／10年後に「can」にするためには何が課題なのか。必要に応じて担当部門に状況確認** （「コト」売りカンパニーとは何なのか。今まで通りの開発〜生産〜販売の流れで、「コト」売りってできるのか）
●**定年による大量退職を経ても、業務がしっかり回る体制作り** （今の社内人口ピラミッドって、このまま放置しておくとマズそう……） ●**SDGs、ESG、脱炭素対応をデジタルで何とか解決** （10年後じゃ遅いか？）	●**10年後の社内人材マップのイメージ共有** （年齢層／バックグラウンド〈生産、開発、マーケ、営業、管理……〉で区切ってどんな絵姿かを認識したい） ●**既存事業の市況落ち込み度合いを認識** （中期計画などでどう発表しているか？　DXと関係ない気もするけど、知っておいたほうがよいだろう）

【DX実行プラン検討のための初回ディスカッションペーパー（イメージ）】
→ブラッシュアップのあとに具体的アクションに落とし込む。
カッコ内は各方針に対する補足。

※最初は発散的なディスカッションからスタートするのがよいが、終章にも記載の通り、ディスカッションを通じて右記①〜③のDXの種類をメンバーが実感することが求められる。

	短期（1年後）	中期（3〜5年後）
will DXで成し遂げたい世界	**●目先の「何で？」をデジタルで解決する** **●あらゆる業務を、再現性ある／持続性あるものにする** （固定化するという意味ではなく、流動的に発展させられることが持続性には必要だろうな。発展しないものは続かないよね……）	**●デジタルをうまく活用して、業界首位のポジションを守る** （でも、業界首位の意味って何だろう？　業界自体がイケてなかったらそもそも意味ないし。デジタルで業務見直しをしているだけでは何となくダメそうだな）
can どんなDXが可能なのか	**● WEB会議の導入・拡大** （お客さんから求められたら最大限対応できないと仕事を失ってしまうし、社員も離れてしまう） **●ペーパーレス化／営業管理のソフト導入＆タブレット配布** （今の社内体制／リソースをどう変えると、mustに書いてあることをcanにできるのだろう？）	**●顧客管理、販売促進の完全システム化、商談のフルリモート化** （便利になる感じはするけど、これだけでお客さんへの付加価値を増やせるのかな……） **●工場の生産・発注計画のデジタル化** （具体論はわからないけど、今の昭和な感じからは何とか変わっていきたい）
must やらねばならないこと	**●バラバラになっている顧客データの一元管理** （顧客のことが全然見えていない。ID戦略の方針をそろそろ本気で定める） **●デジタル活用による納期遵守90%の実現** （今の人海戦術のままでは絶対に無理だけど、デジタルの力で何かクイックに変えたい） **●リモートワークへの対応** （オフィスか自宅かの二元論ではなく、どこからでも働けるように）	**●デジタル人材がちゃんと社内にいる** （「ちゃんと」とはどういう状況？　正社員？　どういう人事評価が必要になるのか？） **●デジタル活用による納期遵守100%の実現** （これができないと、そろそろ顧客から見放されてしまう） **●既存事業の市況落ち込みをカバーする施策の実行** （やっぱり新規事業？　でも全然生まれてくる感じがしない……。DXと関係ない？）

どこから考えたほうがいいという優先順位はないが、最終的にすべてが整合すればいいという意味では、自分たちが考えやすいところから議論を始めればいいだろうし、どこから考えるべきかに悩んでいる暇があったら、さっさと議論に着手すべきである。

❖「数値目標」はどうやって立てるべきか？

お気づきの方も多いと思うが、これは中長期で事業をどのように営んでいくかの方針と密接に関わっている。つまり、企業として確固たる中長期のビジョンがないようでは、DXのプランも整理のしようがないのである。

ちなみにここでいう「中長期のビジョン」とは、日本企業によくある「中期経営計画」とは異なることを付言しておきたい。各部門から出された数字を積み上げただけの、しかも往々にして希望的観測が入った「中期経営計画」ではなく、**あくまで企業としてどのような会社を目指すのか、どのような付加価値創出に注力していくのかの「ビジョン」**である。

もし、自社の長期のビジョンの解像度が低い場合、短中期のDXでの「can」「must」をあらためて整理することで、もしかしたら長期の事業方針が見えてくることもあるかもしれない。

つまりはすべてが相互連環的に関わっているわけで、行ったり来たりを重ねながら、DX実行プランの「何を」「いつまでに」を、想いある形で整理していくことが重要と言える。


ちなみに、目標を立てる際「紙の資料の8割削減」「デジタル人材3割増加」などと数値目標を決めることは効果的ではある。ただ、注意したいのが、下手な数値目標を立てると「それ以上やろうとしない」可能性が出てくることだ。本当は紙の資料を9割削減することが可能なのに「目標の8割を達成したからもういいや」などとなりがちなのである。

これはDXに限ったことではないが、目標を決める際、現場の人に「どのくらいがいい？」と聞いたところで意味はない。絶対に低い数字しか出てこないからだ。

❖フレームワークを「埋める」必要はない

ここで挙げた短期・中期・長期の軸と、「will」「can」「must」の軸で9個のボックスを作って整理するという方法は、思考の整理のために有効ではある。

ただし、それを埋めること自体が目的化してしまっては本末転倒だ。お勉強が得意な賢い人ほど陥りやすい「フレームワーク病」である。

DXからは少し離れるが、例えば3CやSWOT分析、リーンキャンバスといったようなフレームワークは、今なお大企業の会議資料で飽きるほど見かけるが、「どこの会社でも同じ文言になるのではないか」というような一般論だけが書かれていたり、誰と比較して強いのか弱いのか、またその強弱の程度がまったくわからないようなSWOT分析がされていたり、埋めたはいいけれどそのあとどうするのかといった具体的アクションにはまったく繋がらなかったりと、ただの分析・調査で終わってしまうようなケースが大半である。

「何か良いフレームワークはないか」「会社の〇〇度を測るようなテストはないか」「チェック項目に抜け漏れはないか」という質問をDXの文脈でもよく受けるが、リスト項目を完璧に網羅しようとして、そこで立ち止まってしまうのは時間の無駄だ。

ある程度の項目が網羅されていると判断したら、**暫定でもいいのでそのリストに従ってまずは始めてみて、必要に応じてリスト項目のつけ足しをしていく**ほうがいい。完璧なリストなんて、永遠にできることはないのだから。

❖フレームワーク病＝時間泥棒？

先述の思考整理法も、一定の枠組みを使うことによって目指すゴールやミッシングパーツ等が明確化され、それに基づいて、魂の入ったロードマップ及びアクションプランに落とし込まれることを期待するものである。整理のボックスを埋めることだけにとどまって、そこで満足したり息切れしたりしてしまってはもったいない。

もちろん頭の整理をすること自体は重要であり、まったく整理のないままアクションに移ってしまうような脊髄反射対応も避けるべきだろう。しかしながら、散々フレームワーク等を使って整理しても、結局「何を」「何のために」「誰が」「いつまでに」「どう」やるのかの固有解に落とし込む本質論への一歩は、自ら踏み出すしかないのである。

だが、長い長い準備期間のあとにいまだに迷子になっていたり、今までさんざん整理してきた自社の課題そっちのけで、「DXベンチャーに投資しよう！」などという「え、それですか？」というような第一歩を踏み出してしまう企業も多い。

あるいは準備期間が長過ぎて、整理した内容が賞味期限切れになってしまうこともある。実際の実行に移す気が端《はな》からないのであれば、整理に使う時間はただの無駄でしかない。

❖合言葉は「いつまでにやるの？」

「いつまでに」を決めることも必須である。これについては、DXをどのように進めていくかの「いつまでに」に加えて、**プランの初期検討自体を「いつまでに」終わらせるのかという目の前の期限を決める**ことも含まれる。

特に期限を区切らないまま、目の前のことを一歩ずつ丁寧にこなしていこうというスタンスで着手してしまうと、永遠に終わらないか途中で立ち消えになってしまうだろう。「1週間で」などという期限はさすがに無茶だとしても、遅くとも3カ月後ぐらいにお尻を決め、それを宣言することは必須である。合言葉は「いつまでにやるの？」である。

なお、宣言することが大事なのは「期限」であって、「検討頑張ります」という取り組み自体に対してではないことも、ひと言申し添えておく。「検討頑張ります」と宣言しただけで満足してしまったり、宣言したことでキレイにスマートに決めなければという思いにとらわれてしまったりすることも、しばしばある。

なお、ここから派生する留意点として、重要性と緊急性のバランスを意識することも忘れてはいけないだろう。私たちはしばしば緊急性に気を取られてしまうことが多いが、世の中には緊急性はあるけれど、重要性は高くないものも溢れている。ＤＸ推進プランの検討は本来、重要性が非常に高いものだが、「明日までに」「1週間後までに」という緊急性オーラを纏《まと》った事項がどんどん差し込まれると、ＤＸ推進プランの検討にはなかなかリソース投下がされないことが起こりがちである。

しかも、緊急性オーラを纏った事項ほど、一生懸命資料を作り込んでしまったりしがちである。重要性・緊急性のバランス取りは現実には非常に難しく、頭では「重要なものに時間を割こう」とわかっていても、目の前に存在している提出期限が近い何かをもう少し良くすることに、ついつい時間を使ってしまうのが人間である。

そうであるからこそ、ＤＸ推進プランに緊急性を与える、つまりはお尻を決めることで、そこにリソースが割かれるような仕掛けを意識的に作りにいくことは、大きな意味を持つのである。

デジタイゼーションとデジタライゼーションを分けて考える

DXあるある病⑦
〜独自・カスタマイズの呪縛から逃れられない〜

ＤＸ推進のため、某社のＩＴシステムを導入することになったわが社。しかし、各部門から「ここはこうしてほしい」「ああしてほしい」という要望が噴出。その調整だけで一苦労だ。決めゼリフは「うちの部門は特殊だから」。でも、特殊であることが差別化になるのは商品や製品だけであって、特殊な部門ルールなんて百害あって一利なしのような。

そもそも追加コストもバカにならないし、カスタマイズすればするほど、そのシステムに縛られることになる。かつて、某システムベンダーのシステムからの脱却が大問題になったことをみんな忘れてしまったのだろうか。

❖通常、まずは「デジタイゼーション」から

「デジタル化」とひと言で言っても、ある人は「脱ハンコ」を、ある人は「職場のペーパーレス化」を、そしてある人は「コールセンターへのAI導入」を思い浮かべるかもしれない。あるいは、「デジタルで顧客体験を高める」といったイメージを抱く人もいるだろう。これらの例はすべて「デジタル化」ではあるが、脱ハンコと「デジタルで顧客体験を高める」は何かが違うと思うだろう。

その感覚は正しく、**「デジタル化」には大きく分けて「デジタイゼーション」と「デジタライゼーション」が存在する**。境目が曖昧な部分もあり、さまざまな解釈が可能でもあるが、簡単に言うと「デジタイゼーション」は、情報がアナログからデジタルに変換されること、つまり「アナログ情報のデジタル化」であり、「デジタライゼーション」は、「プロセス、ビジネスモデルなどの仕組みがデジタル技術によって変換される」ことと言える。

先述の例では、脱ハンコやペーパーレスはデジタイゼーションである。手書きの文書やデータ、音声などのアナログ情報をデジタル化していくことを指す。いくらデータがたく

さんあり、きちんと整理されていても、手書きのデータにニョキッと手足が生えてPCの中にダイブしてくれるようなことはない。デジタイゼーションが進んでいない現場は、まずは必要に応じてデジタイゼーションに着手すべきだろう。

データがあれば何かが勝手に生まれるようなことは残念ながらないが、少なくともデジタイゼーションを進めることで、そのデータを何かと繋げられる可能性は出てくる。何よりもデータが自動連携することでエラーがなくなったり、作業を一つ効率化できたり、情報の検索が容易になったり、フィードバックをリアルタイムに受けられたりと、生産性や社員の利便性向上には確実に資するだろう。

❖デジタイゼーションという点から線へ、そして面へ

デジタイゼーションからデジタライゼーションへの発展は、点・線・面の関係で捉えることもできる。デジタイゼーションは「点」として始まり、それが「線」となっていく。どこかの点をハブとして線がたくさん繋がっていきながら、やがては広く「面」となって拡大していくという形でデジタライゼーションは進んでいくこととなる。

例えば、「自動運転」は典型的なデジタライゼーションだ。自動運転の技術は、さまざ

まなデジタルの「点」が組み合わさったものだ。自動車そのものに搭載されたさまざまな技術という「点」と、通信技術、GPS情報、デジタル化された地図情報などの「点」が組み合わさることで「線」となり、「面」としての自動運転が実現する。

あるいは、顧客情報をデジタル化することはあくまで「点」としての施策だが、ユーザーIDにより個人情報や履歴と紐づけて、カスタマージャーニー（顧客が商品を知り、購入するまでのプロセス）を解析したり、ユーザーに適した製品やサービスを提供するのは、「面」への発展となる。

デジタイゼーションを進めることで、さまざまなデジタライゼーションの可能性が広がってくる。一例を挙げれば、AIを使った「ダイナミックプライシング」がある。例えばホテルの値づけをするにあたり、最近の空室率や去年の同時期の空室率、天候と予約数との関係、周囲のホテルの空室率などさまざまなデータを分析し、AIが自動的に最適な価格を提示してくれるというものだ。

もともとホテル業界では、「繁忙期は高い値づけをし、閑散期は安くする」ということが行われていた。しかし、その価格設定は経験則によることが多く、かつ、頻繁に価格を変えるのは手間でもある。ＡＩによるダイナミックプライシングにより、利益の最大化と工数の削減の両方が可能になるわけだ。

これを実現するには、当然ながらインプットすべき情報がすべて「デジタイゼーション」によりデータ化されていなくてはならない。それが点となり、ダイナミックプライシングという「デジタライゼーション」が可能になっていくというイメージだ。

ダイナミックプライシングはホテルだけでなく、各種公演にも使われるようになっている。野球やサッカーの試合にも導入されつつある。例えば、人気の出そうな試合の価格は高くして、逆に空席が出そうな試合は安くすることで集客を図るわけだ。コロナ禍で多くの人が利用したであろう「ウーバーイーツ」の配送料にも、ダイナミックプライシングは適用されている。

❖システム屋発想から脱却する

そもそも「点」だけで完結しようとしたり、「点」のことしか考えていないような仕組みを時間とお金をかけてがっつり作り込んだりすることは、いろいろな意味で無駄が多い。

例えば、顧客データベースを作るにあたり、部門ごとに別々のツールを使い、別々のルールに従って情報を集約してしまっては、最終的にそれらのデータを統合して新たなビジネスを生み出そうとする時、また一からやり直さねばならなくなるだろう。

将来的には「あらゆる部門の顧客データを一元管理し、カスタマージャーニーを意識してマーケティングを回していくことで、顧客のＬＴＶ（生涯価値）を高めていく」という方針があるのなら、最初から仕様を統一したデータベースを作るという「点」を打つべきである。

こういうことが起こりがちなのは、「見えていることを、文句を言われないように安全に作ろう」「言われた通りには頑張って作ります」という、いわゆる「システム屋」の発想があるからではないだろうか。

その失敗例として、いわゆる「マイナンバーカード」が挙げられるだろう。使い分けの理解できないパスワードが何個もあって、「カード」の形式にこだわり、それでいながら番号は丸見えでビニールのケースに入れて隠すというような謎の仕組みになっているのは、全体像がなきままにその都度その都度、担当者が「点」を作り続けた結果のように思われてならない。

❖デジタル情報に対するリテラシーを上げる

先述のような意識を持ち、デジタイゼーションからデジタライゼーションにＤＸレベルを進展させていくためには、その**セキュリティ対応や従業員のリテラシーの向上を併せて図っていくことが必要**となろう。

「手書きデータのデジタル化が徐々にできつつあります」という程度の初期段階では不正アクセスを気にすればいいくらいの話かもしれないが、デジタル情報としてどこかの場に載る以上、情報同士がどんどん繋がって一人の人間では理解できないくらい複雑化したり、情報が持ち主のところをどんどん離れていってしまうようなことも、いずれ当たり前となる。

繋がることとは、自らの情報を誰かに渡すと同時に、誰かの情報を受け取るということでもある。自らの「点」は外部から容易にアクセス可能となり、外部の「点」も利用可能になる。

それは非常に便利ではあるが、使い方を間違えると大けがの元になる。特に個人情報に関わるものには注意が必要だ。社員のリテラシーが低いままこうした情報を扱うことは、言わばゲームのルールもマナーも知らないまま、バトルフィールドに下りてきてしまったようなものである。

❖ユーザーの「心理」にも注目を

法律の内容を知っているだけではなく、想定されるユーザーの不安や反発へ想像を巡らせることができるかどうかも重要となる。

２０１３年と少し古い話にはなるが、ＪＲ東日本が提供している「Ｓｕｉｃａ」について、あるトラブルが起きた。日立製作所がＳｕｉｃａの乗降履歴を使った分析サービスを提供することを発表したのだが、それによって、ＪＲ東日本がＳｕｉｃａの利用履歴データを販売していたことが明らかになった。利用者の氏名、電話番号は含まれていないが、鉄道に乗降した駅名と日時の履歴の他、年齢、性別も販売データに含まれていたという。

個人名が出るわけでもないため、おそらく、ＪＲ東日本の担当者はそのことに対して何の問題も感じていなかったことだろう。しかし、世間は反発した。結果、ＪＲ東日本は履歴の外部提供を中止するに至った。

Ｓｕｉｃａから得られる情報は膨大で、おそらくそれを活用することで、企業にとってだけでなくユーザーにとってもさまざまな可能性があったと思うが、短期的にはその道を閉ざしてしまうとともに、企業としてのレピュテーションリスクも負うことになってしまったのだ。

誰がいつどこへ行ったのかという「行動履歴」の活用には、ラッシュや交通渋滞の予想、マーケティングへの活用、あるいは伝染病リスクの可視化など、さまざまな可能性がある。だが、この事例からわかるように、人は自分の行動履歴を取られることに対して警戒感を持つ。厚生労働省が作ったコロナ追跡アプリの導入が進まないのも同じ理由だろう。

もっとも一方で、情報開示に対する私たちの許容度は、ここ数年で確実に高まっている。「プッシュ通知」を例に取れば、スマートフォンが普及し始めた頃は「うっとうしい」「怖い」という反応が大半であった。時は巡り、今やそうした反応は大勢ではなくなり、むしろ「何でプッシュ通知で教えてくれなかったんだ」という声が聞こえることもある。

また、最近の10代の学生は、位置情報を開示するアプリまで使っている。彼らが社会に出てくると、こうした警戒感もさらに薄れてくるかもしれない。

こうしたトレンドも踏まえつつ、情報のやり取りには細心の注意を払う必要があるということだ。

❖リスクをゼロにすることは不可能

デジタル化の恩恵を受けるためには、その責任やリスクを知ったうえで会社として必要な対策を講じるとともに、従業員への啓蒙を「攻めと守り」の両面で提供していくことが、経営陣には求められる。

リスクとリターンは表裏一体であるにもかかわらず、あらゆるリスクを並べて先に進まないかと思えば、今度は急にリターンを求めノーガードで進むような両極端な傾向が日本企業には見られる。アクセルを積極的に踏みながらも、ブレーキの使い方もちゃんと知っているというほどよいバランス感覚を実現するためにも、「攻めと守り」の両面から従業員の情報リテラシーを上げることが重要なのだ。

ただし、どれだけ正しい運転方法を教えても交通事故を防げないのと同様、**リスクは絶対にゼロにはできない**。中途半端に「リスクが不安で」と四の五の言うくらいなら、「危ないから車には乗らない」と決めてしまえばいい。そうでないのなら、事故が起きてしまった場合にどう対処すべきかまでをあらかじめ教育し、そのうえでリスクを取りにいくべきである。

❖「No moreカスタマイズ」――標準化を徹底する

先述したように、デジタル化の進展により想像もつかないようなゲームチェンジが、いつ何時起こるとも限らない世の中になっている。どんなゲームチェンジが起こるかを予測するのは難しいが、少なくともゲームチェンジが起きた際、目の前の情報や業務さえデジタル化されておらず、デジタルへのリテラシーが極端に低い集団のままでは、そのまま死にゆくリスクは格段に高くなるだろう。

だからこそ、DXを進めておく必要があるのだが、ここで一つ、つけ加えておきたいことがある。

デジタイゼーション、デジタライゼーションともに、その推進にあたっては可能な限り「標準化」を目指していくべきだということだ。

日本企業は、システム開発会社に売り込まれてきた名残なのか、「各社に合わせたカスタマイズ」という名のタコツボ化を好む傾向がある。例えばある会社の提供するグループウェアや会計ソフトを導入する際に、「当社の業務は特殊だから、あの機能も加えてくれ」などというカスタマイズを要求しがちなのだ。

もちろん、カスタマイズには費用もかかる。だが、それ以上に問題なのが、カスタマイズにより機能を増やし過ぎた結果、かえって業務プロセスが複雑になってしまうことだ。それが変化に対応する際の障害にもなり得る。

つまり、**何らかの業務改善ツールを導入するにしても、できる限り標準のまま使用するほうが効果的・効率的**だということだ。DXをきっかけに業務のほうを標準化していくくらいの心づもりがむしろ望ましい。

尖らせたり最適化したりという工夫を続けていくべきは、顧客や従業員に提供する付加価値の創出についてであり、業務プロセスではないことを肝に銘じるべきである。

❖「あらゆるものをデジタル化してから」では遅い

もう一つ言っておきたいのが、DXの推進においては、すべてのデジタイゼーションが終わっていないとデジタライゼーションに進めないというような「all or nothing」ではないということだ。

つまり、社内にあるすべてのアナログデータのデジタル化に躍起になったりする必要はなく、**実現したいデジタライゼーションを起点にして必要最低限のデジタル化をまずは進める**、ということで構わない。

例えば先述したダイナミックプライシングを実現したいのなら、何はともあれ過去の客数や売上データの整理は必須となる。まずはそれを優先的に行い、それが終わってからその他のデータのデジタル化に進めばいいだろう。


なお、デジタイゼーションを実行するにあたり、デジタルツールを用意してもかたくなに利用しない人や、絶対に紙で資料を渡してくるといった人はいるものだ。この場合、強制的な環境を作ることで改善が期待できる。例えば、ペーパーレスを実現したいのであれば、コピー機の台数を極限まで減らしたり、コピー機使用時にＩＤカードをかざすことにして個人別利用状況がわかるようにしたりするといった地味な施策である。

本当に紙の書類が必要ならば、コピー機までの距離が遠かろうと、使い過ぎだと批判されようと使い続けるはずである。だが、たいていはこの程度の施策で使用量は減ってくる。こうなれば、自然とペーパーレスが根づいていくだろう。

デジタイゼーションとデジタライゼーションの違いを理解することは（両者の境目を厳密に区分するという意味での理解ではなく、概念としての理解だが）、自社固有のＤＸ推進プランをより良く検討するうえでの重要なベースとなる。

少なくとも、ぼんやりしがちなＤＸというものに対して、デジタイゼーション・デジタライゼーションという切り口を一つ持つことは、間違いなく関係者の理解を進める一助となるはずだ。

「ヒトとカネ」をどうするか
——資源投入なくしてDXは進まない

❖DXを進めつつ、走りながら会社を生まれ変わらせていく

ここまでさんざん「DXを進めよう」と調子良く書いてきたが、効果のあるものには言うまでもなくそれを得るための初期的な投資が求められる。つまりは、お金がかかるし、人的なリソースを割くことも必要となる。

もちろん、組織の下地が出来上がっている状態、つまりは経営トップが高い意識を持ち、無駄のない意思決定の仕組みが社内にあり、業務の高度な効率化も進んでおり、加えて、本業の稼ぐ力を表す「営業キャッシュフロー」を十分に生み出せる組織力がある状態において、そこで生じたキャッシュフローをDXに投資していけるというのが理想ではある。下地がキレイであれば、DXの実装もさくさくと進むことであろう。

しかしながら、そうした体制ができてからDXに着手しようとすると周回遅れになり、

キャッシュフローも減少していくという負のループに陥ってしまう可能性が高い。現実的にはDXを進めつつ、会社や組織・人材のあり方も変換していくことを目指すことになろう。

❖どのくらいの金額を使えるか？ 使うべきか？

どれだけの金額をDXに投下すべきか、投下していいかという点については、そこに絶対の答えがあるわけではない。しいて言えば、意識すべきは**「営業キャッシュフローの範囲から」**ということになるだろう。

新規事業の創出など他にも資金投下すべきお題がある中、自ら創出している営業キャッシュフローの中からDXにどれだけ投資するかを決める。これはポートフォリオ経営の一環である。

言うまでもないが、営業キャッシュフローが多ければ、冒険的要素も含めて多額の投下が可能になり、営業キャッシュフローが十分ではないと、十分な投資は難しくなる。営業キャッシュフローが多い企業は、こうした投下を経てさらに営業キャッシュフローを稼げるというループが回り、儲かっている企業はますます儲かっていき、そうでない企業はじり貧になるという、せつない構図が出来上がることとなる。

❖「営業キャッシュフロー」を見直してみる

なお、ここで言っている営業キャッシュフローとは、返済の必要のないエクイティ的な自らの稼ぎを指しており、一義的にはＥＢＩＴＤＡ（営業利益＋償却費）が適切であろう。会社によっては、これに研究開発費も足し合わせたほうがより投資余力を示せるかもしれない。自社の実態に合わせた指標を持つということで構わない。

ここで研究開発費という要素が出てきたので余談的に触れると、売上原価に含まれるような改善のための研究部門費用（改善をすることで売上に繋がる費用）ではなく、将来の売上を目指したいわゆる研究開発費について、当該部門が既得権益のように多額の予算を消費し続けている会社もまだ多い。だが、本来は先行投資ポートフォリオの中で、ＤＸや新規事業と同じように投下配分を決められるべきものであろう。

別に、研究開発費を削減せよと言っているわけではなく、ただ漫然と消費されているようなことがあるのであれば、他の先行投資要素にリソースを回すべきというだけの話である。

なお、ＤＸについても、先述のような改善のための研究部門費用に近い要素が一部含まれると考えられ、それについては先行投資ポートフォリオでなく、既存の事業Ｐ／Ｌの範囲で予算化していくことが適切だろう。

ＤＸへいくら投資すべきかの検討をきっかけに、自社の営業キャッシュフローの水準、およびその投資ポートフォリオが適切かを、過去・現在・未来にわたって冷静に見直してみることが求められる。

その結果、既存事業の改善ばかりに投下している現状が見えるかもしれないし、研究開発費への投下金額をＤＸや新規事業に振り分けたほうがいいと考えるかもしれない。そもそも戦略投資できる余地たる営業キャッシュフローの金額自体が少な過ぎることにがっかりするかもしれない。

どんな景色が見えるかはその企業の状況次第だが、「他社がＤＸにこれくらいかけているらしいからわが社も……」「既存業務をそのままＩＴ化できると○億円の効率化が……」というような単純な結論で終わってしまうのではなく、その中身をちゃんと割って開けてみて、リアルな方策を検討すべきと言えよう。

後ほど「悪魔の辞典」にて述べるが、日本企業の経営陣にはそもそも「キャッシュフロー計算書」の意味がわかっていない人も多い。DXをきっかけに、経営の基本中の基本たる「お金の循環」をもう一度見直してみていただきたい。

❖「異動させやすい人」を担当にする愚

そして資金と同様、人材のリソース配分を見つめ直すことも非常に重要である。

まずは、DXの推進にあたってどういう人材を充てるかという問題がある。DX推進を成功させることは全社にとっての重要事項であり、その担い手にふさわしい人物を現在の職務によらずフラットに考え、選抜することが大前提となる。

デジタルに関する知見そのものを有している人材、現場とデジタル部門の橋渡しができる人材、DX推進プランを描ける人材、なぜかみんなの協力を集めてこられる人材……など、自社の目指すDX実行に必要な人材を、個人名を挙げて並べていくことが基本だろう。

しかしながら**「DXは大事だ、重要戦略だ」と言っておきながら、なぜか「時間がある」「異動させやすい」という人材をあてがおうとする**傾向は、どんな企業でも見られる。担い手にふさわしい優秀な人物ほど、現業で忙しいからである。

だが、「その人物に何を担当させるのが会社としてベストなのか」「その人物の能力育成の点で何をさせるのがベストなのか」という軸を持って大局的に考えなくては、その会社に未来はない。

少なくとも、自分の実績のために手元に抱えておきたい……といった理由で人材を手放そうとしない人間はリーダー失格である。

とはいえ、そうした意思決定を各役員や部門責任者に任せると、やはり特定の誰か及びその部門だけが貧乏くじを引くことになりかねない。ここはやはり、最後は経営トップが有無を言わさず決めるしかないだろう。そうすることで、会社としての覚悟を示すこともできる。

そうでなければ、人事部が主導して経営トップを動かすしかない。先述の通り、人事部が勤怠と研修の管理だけをやっていればいい時代は、もう終わっている。人事部は主体的にＤＸに関与していかねばならないのだ。

❖「10年後、どんな組織になっていたいか」を自由に描いてみる

また、中長期での人材リソースという視点から、目指すDX推進プランを実現させていくためには、**「未来の組織の姿がどのようになっているべきか」**も併せて考える必要がある。

5年後、10年後に、自分の会社の組織体系はどのようになっていて、そこにはどんなバックグラウンドや能力を持つ人材が何人くらいいるのが理想かを考えてみるのだ。現在の組織の延長線上で考えるのではなく、「ハード系人材とソフト系人材はどのくらいの比率にすべきか」「中途採用はどの程度の規模で行うべきか」「日本人以外の社員はどのくらい必要か」など、あるべき姿を描き、それと現状とのギャップをどのように埋めていくかをリアルに考えていく必要がある。

おそらく、旧来型の多くの企業の人員構成は、例えば製造業で言えばプロパーの生産畑、つまりハードウェア畑の人員がどうしても多くなっていることだろう。大学を卒業したばかりの期待の若手も、その集団に入って毎日を過ごしていけば、やがてその色にきっちり染まっていく。そのような人員構成では、「ソフトウェア人材が重要だ」と言いながら、

最後はハードウェア発想に走ってしまいがちだ。

「デジタルを活用してビジネスモデルを変革し……」「データを活用しユーザーに寄り添ったサービス設計をして……」といった標語を掲げる以上、デジタルやデータに詳しい人材を採用あるいは育成しておかなければ、その標語は夢物語と化すだけだ。

【コラム】ＤＸも「伝え方が9割」？

ＤＸ推進の意思決定はマネジメントに委ねられているものの、その意思決定に従って実際の成果をどこまで上げられるかは、それに関わるメンバーへの浸透次第である。メンバーが動いてくれないことには成果としては実らないわけだが、遂行に責任を持つリーダーと現場での推進者の間には、往々にして距離があるものだ。

その理由の多くは、「なぜやったほうがいいのかがわからない」、あるいは「やり方がわからない」といったものである。だからこそリーダーは根気強く、伝えることに対する労力を惜しんではならない。

ちなみにここで重要な役割を果たすのが、リーダーのやりたいことを「こういうことだよね」と一緒にやってみせるフォロワーの存在だ。リーダーのやろうとしていることを率先して実践し、その背中を見せていく複数のフォロワーがいれば、それ以外の人も「こういうふうにやるのね」とあとに続くようになるだろう。やがて、やっていないほうがおかしいというくらいにまで、ＤＸの輪を広げていくことができるはずである。

あなたがリーダーの立場にいるのなら、ぜひこうしたフォロワーを作り出してほしい。

また、自分が実行する側であるのなら、ぜひ積極的にフォロワーになることで、組織を盛り上げていくことを期待したい。

もう一つ「伝え方」について留意してほしいことがある。デジタル人材とそうでない人材の間には、大きな「言葉の壁」があるということだ。

前に「ＳＮＳの承認はどうするんだ」と聞いた役員の話をしたが、実際、ＤＸ推進の過程では「そこからですか？」と問いたくなるような疑問が出てくることは非常に多い。また、デジタル人材は何でもかんでも横文字を使いたがる傾向もある。その結果、既存社員の間に反感が生まれ、ＤＸそのものにも否定的になってしまうのだ。

まずは「わからないことを何でも聞ける」風土を作ることが重要だ。そしてリーダーあるいはデジタル人材は、自分の伝えたいことをかみ砕いて伝えるようにしなくてはいけない。筆者はよく「中学校2年生の親戚の子に説明してわかってもらえるように」という言葉を使うが、まさにそのくらいの意識で言葉を選んでほしい。

DX悪魔の辞典③

本書もいよいよ終盤である。そこでいろいろな立場でDXの「経営」に関わっていく読者の皆さんのために、そもそも経営の世界で、特にDXまわりで使われがちで、しかも頻繁に間違って使われている経営用語のいくつかを、再び「悪魔の辞典」という形で紹介しておこうと思う。

「イノベーション」：誰かが「技術革新」と世紀の大誤訳をしたためにインベンション（発明）と混同され、日本企業の衰退を加速した悪魔の呪文。

（解説）ほとんどの日本人が「発明」と混同している言葉。おそらくイノベーションを誰かが「技術革新」、すなわち発明とほぼ同義に誤訳をやらかしたことに起因している。インベンションとイノベーション、語感は似ているがまったく意味が異なる。

ＤＸ時代の企業成長力がイノベーション力に大きく依存することは確かだが、一部の企業群はこれを新しい技術や製品を発明することだと思い込み、巨額の資金と人員を投入して自前主義の発明発見に取り組んできた。また別の企業群は、そんな金も人材も持っていないので諦めてしまった。

しかし、イノベーションという言葉を一般化した経済学者、シュンペーターは「新結合」という社会的な意味でこの言葉を使っている。既存のAと既存のBが結合することで、経済社会に大きなインパクトを及ぼすような変革が実現するという意味だ。つまり、モノでもサービスでもビジネスモデルや制度でも構わないので、世にあるものの「パクリの掛け算」で世界は変えられるという話だ。

現にこの30年間のデジタル革命とグローバル革命の勝者は、まさにパクリの掛け算の名手たちだ。GAFAやマイクロソフトが本当に自分たちのオリジナルで発明したり発見したりしたサービスがどれほどあるか、調べてみるといいだろう。

他方、イノベーションをモノの発明と思い込んだ多くの日本企業は、迷路にはまり衰退していった。本当はどんな小さなベンチャーでも経営資源のない中小企業でも、世にある気の利いたものを組み合わせてイノベーションを起こすチャンスはあるし、先行しているイノベーションをパクることも可能だ。

ネットの時代にそのハードルはとても低い。ましてや大企業なら自社同士、自社と他社、他社を複数買収して組み合わせるなど、イノベーションの可能性は無限に広がっている。「世紀の大誤訳」に気づかない限り、イノベーションは日本企業にとって悪魔の呪文であり続ける。

「経営戦略」：迷走の末に成功にたどり着いた物語のあとづけ美談。未来について語る時はSFならぬMF（Managerial Fiction：空想経営小説）。

（解説） 経営戦略の本に出てくる戦略のお話のほとんどは、あとから振り返って戦略をストーリー化して語るものである。しかもその多くは、あたかも最初から精緻な戦略が練られ、周到な準備を行ったことが成功に結びついたかのように美談化されている。

しかし、実際の経営にそんな計画経済的な成功なんてあるわけがない。とりわけＤＸ時代となり、経営環境や競争環境が激変する時代にはますますそうだ。

今どき「経営戦略」なんてものは、とりあえずの成功仮説に過ぎない。むしろ経営戦略本で重要なのは、いかに当初の当てが外れ、そこで迷走を繰り返しながらもどうリカバリーを行い、やっとこさ成功にたどり着いたかという、まさにマネジメントプロセスとそれを担ったリーダーシップのほうなのだ。

一橋大学の楠木建教授の『ストーリーとしての競争戦略』（東洋経済新報社）は、このプロセスを活写している点で名著だと思う。筆者の冨山と早稲田大学の入山章栄教授で日本に紹介した『両利きの経営』（東洋経済新報社）も同様である。

そしてＣＸ、ＤＸの時代となると、当初の戦略仮説でさえ、そこであるべき戦略を描くと組織能力の欠落で実現不能な空想経営小説となり、逆に現有の組織能力で無理やり戦略を描こうとすると、無謀な日米総力戦みたいな話になってしまう。「戦略に組織は従えず」「組織に戦略が従っても意味がない」時代なのだ。

伝統的な経営戦略論はほぼ死んだと言っていい。そんなものの立案に金と時間をかけている場合ではない。

「再編」：経営の現実たる本質に関心のない経済系メディアや評論家が大好きな経営効率悪化施策。

（解説）経済メディアと評論家はやたら「再編」が好きである、あたかも不振企業の魔法の処方箋のように。しかし、後述のシナジーだのスケールメリットだのがそう簡単に実現しないことからもわかるように、実際の再編は規模の不経済や組織の調整コストを大きくし（その典型がシステム統合の失敗）、経営効率はむしろ悪化するケースが圧倒的に多い。

ダメな会社とダメな会社がくっついても大ダメになるだけ。DXの時代に大事なのは、まずはCXであり、その脈絡で必要な組織能力を補完し、不要となった機能や事業を切り離す新陳代謝型の「再編」である。それも破壊的イノベーションの嵐の中での事業構造、競争構造の変化を見極めながら。

漫然と市場シェアを追う再編、半沢直樹じゃないが「まずは両行の融和が第一だ」みたいな悠長なことを言っている再編は、経営的悲劇の拡大再生産に繋がること必定である。

「シナジー」：最も頻繁に使われる経営的戯言《たわごと》。

（解説）筆者の冨山がスタンフォード大ＭＢＡ留学中に受けたある授業で、学生が「この企業とあの企業はシナジーが効くので……」と発言したのに対し、実務経験もある教授が「シナジーの別名を教えてあげよう。経営の世界で最も頻繁に使われるブルシット（戯言）と言うんだ」と言って大いに笑いを取っていた。

しかし、私は留学前から戦略コンサルティングの仕事をやっていたので、それまで度々「シナジー」という言葉をマジックワードのように使っていたこともありヒヤッとした。そして、シナジーを前提として展開された戦略のその後の実態を思い返すと、正直、期待通りのシナジー、相乗効果が発揮されたケースはほぼ皆無だったのだ。

事業にせよ機能にせよ、それぞれの単位ごとに流儀があり、過去からの慣性がある。その枠を越えて相乗効果を得ようと思ったら、お互いに非常に厳しい取捨選択を行い、のり代を出し合わないとシナジーなんて実現しない。企業内の部品の共通化程度の話でさえなかなか進まないのが現実だ。ましてや企業の枠を越えて実現するのは至難の業。

しかし、現在でもM&Aの高い買収価格や無謀な投資を正当化するためにシナジーという言葉は濫用《らんよう》される。

これはDX領域のM&Aや投資でも同様。痛みを伴うCXを本気で覚悟していないシナジー論は、結局、ディスシナジーの山を築くことになる。

「スケールメリット」：最も頻繁に追求される経営的愚行。

（解説）スケールメリットの追求は、アナログ大量生産ビジネスが主役の工業化時代における競争戦略の基本である。

しかし、その時代でさえ、典型的な規模型産業である量産型製造業において同じ企業、同じ地域、できれば同じ工場という単位でなら、トータルの生産規模を拡大すれば固定費（主に設備費と研究開発費）に関わる規模の経済性と生産効率に関わる経験曲線的な効果で、持続可能なコスト優位を作れたに過ぎない。工場が複数化し、国境を越え、さらにはM&Aによって企業単位を越えてスケールメリットを実現することは難しかった。

加えてデジタル化で産業構造、事業経済性が大きく変わる、あるいはグローバル化により要素コストレベルで桁違いにローコストな競争相手が加わると、工業化モデルでスケールメリットを追求した経営施策の多くは、過剰投資と無駄なM&Aの山を築くことになった。

本書と同シリーズの『ＩＧＰＩ流　経営分析のリアル・ノウハウ』（ＰＨＰビジネス新書）でも解説しているが、世の中のビジネスの多く、要素コストの多くはむしろ規模の不経済に支配される。そしてＤＸの時代、スケールやシェアの力は、工場における量産効果的なものから外部性や無形資産価値のほうに移っている。

CHAPTER-4

なぜ、御社のDXは進まないのか――

企業の改革を妨げるもの

ダイアログ4

「DX は魔法の杖?」

(某月某日・部門横断による「DX検討会」の場にて)

業務部Cさん「毎月、各営業担当者から送られてきた数字の手入力が面倒なんですよ」

A君「あ、それはRPAを使って自動化できるかもしれませんね」

営業部D君「それより、営業そのものをAIがやってくれたりしないのかな。顧客の特性を割り出して、お勧めの商品を勝手に選んでメールしてくれる、みたいな」

A君「うーん、マーケティングオートメーションを回すことで近いことはできると思いますが、まったくすべてを自動化することは難しいんじゃないでしょうか……」

開発部E君「顧客の特性ごとにニーズを割り出すことができるなら、そのニーズをＡＩで分析して、新商品のアイデアを出してくれたら面白いよね」

F部長「お、それいいいんじゃない！『ＡＩが開発した商品』なんていうと、話題にもなりそうだし」

A君「……」

「DXで新規事業」という勘違い
——デジタルでできること、できないこと

❖企業を惑わす「新規事業」というキーワード

昨今のDXバブルの中で一、二を争う残念な勘違いとして、「DXで新規事業を創出する」と言い切ってしまうような企業や経営者が挙げられよう。

DXを通じて新規事業を創出しやすい組織文化に変わったり、見える化された情報が新規事業のアイデア出しや具体化に貢献したり、あるいは、DXによる既存事業の再成長が広義の新規事業と定義できたりすることはあるだろう。しかしながら、「DXで新規事業を創出」と明るく無邪気に宣言しているような企業は、DXを推進すると新規事業のアイデアが溢れてくるとでも思いこんでいる節がある。

繰り返しになるが、**デジタルの活用によってアイデアや新規事業など「クリエイティブなもの」が自動的に出てくるようなことはない。**

数年前、レンブラントの作風をＡＩにて機械学習させ、レンブラントの「新作」を描いてみせたことが話題になった。ただ、これをもって「新しいものを生み出した」というわけにはいかない。

「こういうものが欲しい」というイメージがあり、それに合った素材があれば、ＡＩはそれを具現化するヒントをくれるに過ぎない。新たな商品開発のヒントにはなるかもしれないが、「事業」そのものを生み出すようなものではないのだ。

おそらく、「ＤＸで新規事業」と言っているケースは、既存事業の改善や高度化を新規事業と言っているだけのことがほとんどであるはずだ。

例えば、昨今、飲食業各社が続々導入しているモバイルオーダー（スマホで事前に注文・支払いをすることで、店頭ですぐに受け取れるサービス）は、一見、新しさオーラはあるものの、基本的には既存事業の高度化・効率化である。ＳＮＳの広告やＥＣサイトのレコメンドはますます賢くなっており、思わずクリックしてしまう回数も増えてはいるものの、これもあくまでも既存事業の磨き込みだろう。

❖そもそも新規事業の定義とは？

そもそも新規事業とは何なのだろうか。新規事業は企業を常に惑わすワードであり、しかしながら、何を指しているのかさえ曖昧なことが多いのが現状である。もちろん、世の中に新しく勃興した技術・製品・サービスは誰にとっても新規事業となるだろうが、世の中にはすでに存在しているものの自分たちが今まで手掛けたことがない事業も、その会社にとっては新規事業となるだろう。

例えば、移動体通信事業自体は新しくないものの、それを楽天が始める場合は新規事業になるだろうし、日本テレビにとってのフィットネスクラブ事業も同じく新規事業になる。セブン-イレブンにとってのセブン銀行も新規事業だろうし、セブンカフェを始めたのも新たな収益の柱を得るためと考えれば「新規事業」と言えるだろう。

まったくの新規事業であれ、自分たちにとっての新規事業であれ、それを始める際には必ず、それをやる意義や目的というものがあるはずだ。先述の例なら、「非放送事業で収益の柱を作りたい」「コンビニでお金を下ろすという価値をお客さんに届けたい」といったものになるだろうか。

つまり、新規事業というものは、「なぜやるのか」「どうして自分たちがやる意味があるのか」「どのような付加価値を世に示すのか」を自分たちの中から絞り出すことが大前提として必要になる。それをものすごくライトな言葉で言えば、「アイデアを出す」ということになろう。

そう考えた時、その絞り出しはあくまで自分たちにしかできないことであり、ＤＸは実現したいアイデアの実行を加速する手助けとはなっても、それ以上ではないことがわかる。

❖「新規事業へのドライブ」としてＤＸを活用する

もっとも、別の意味で「ＤＸが新規事業を生み出す」ということは言える。例えば、ＤＸによって既存事業の収益性を高めたり、業務を効率化することにより、資金的にも人的にも新規事業へのリソース投下をより増やすことが可能になる。

つまり、**ＤＸが新規事業を生み出すことはないが、ＤＸによって新規事業に注力できる環境が整えられる**とは言えよう。

例えば今、銀行が進めているＲＰＡにより、今まで窓口業務などに張りついていた人材を他の部門に回すことができる。そうした人材によって新規事業が成し遂げられれば、「DXによって新規事業が生み出された」と言うこともできるかもしれない。

あるいは、ここ数年、多くの企業が「新規事業創出を目指す」という旗を掲げてきたものの、実際には旗を振るだけでほとんど始動すらしなかったというケースが極めて多い。そうした中、既存事業の再成長のような取り組みを「新規事業」と称して、今一度新しい領域へのチャレンジに着手しようというのであれば、それは経営上の施策の一つと言えよう。

ただし、何度も言うように、新規事業に不可欠な「何をどうやるか」のセッティングとそれをやり切るための強い想いは、いそいそとDXを進めたところで湧き上がってくるものではないことを忘れてはならない。

なお、本書の執筆時点において、米国アップル社による電気自動車（EV）市場参入の話題が盛り上がっているが、自動車という産業に参入するという観点からは、これはアップルにとっての新規事業と言えよう。一方、Apple IDを起点とするアップルの陣地を自動車の空間にまで広げるという観点に立てば、これは既存事業のさらなる成長とも言える。

先述の再成長という言葉でイメージしてきたものとはスケール感が異なるだろうし、目の前のＤＸ活動を進めていってもアップルのようにはなかなか至らないが、デジタル時代でなければアップルと自動車という組み合わせは起こり得なかったであろうことを考えると、各社がモノにできるかはさておき、ＤＸは桁外れのダイナミズムを持ったものであることは確かだろう。

❖ＣＤＯの「耳障りのいい発言」に要注意

しかしながら、現実には何も見えていないまま「ＤＸで新規事業」と言っている会社も少なからず存在する。そんな勘違いが横行しているのはなぜか。

その一つの要因として、「ＣＤＯ（Chief Digital Officer）」の存在があるかもしれない。デジタル技術に詳しいだけのＣＤＯ、あるいはデジタル担当役員が、「事業を創る」ということの意味も知らず、ただ耳障りのいい言葉を使っているだけということがあるからだ。

逆に、デジタルにあまり詳しくない人材がデジタル担当についてしまった場合、デジタル技術でできること・できないことをよく理解していないままに「ＤＸでＡＩを使って、新しい事業アイデアを……」などと言ってしまっているケースも考えられる。

新規事業創出は非常に難しいが、誰もが目指すべきものでもある。その際、「ＤＸが何とかしてくれる」ではなく「ＤＸを活用する、味方につける」という主体性の元、その創出に挑み続けることをあらゆる企業に期待したい。

データ活用をいかに進めるか
——「データドリブン」の真の意味

DXあるある病⑧
～「データは宝の山なのだ」って本当!?～

「データ＝宝の山」なんて気軽に言うけれど、実際には集めるのも大変なら、名寄せするだけでも一苦労。使えるように準備するまでにものすごい手間がかかる。さらに、何を「宝」とするかの定義がなければ、「それで？」みたいなデータばかりになってしまう。まさに「データ地獄」だ。それを知らない経営トップに「データは宝の山だ」なんて言ってほしくないよ……。

❖オチなきデータ分析になってはいないか？

「積極的なＤＸを進める」といった企業広告や、ＤＸで成功している企業に関する記事などが新聞やＰＣ、スマホをジャックしている。だが、それらの記事をよく読んでみると、「ＤＸには戦略ビジョンが大事だ」「組織改革にまで進まないと意味がない」と言いながら、なぜかその締めくくりとしては「データを活用した○○」「データで繋がる社会」などとなっているケースが非常に多い。

ＤＸ＝データ戦略でないということは、これまで繰り返し述べてきたことではある。データ活用はデジタルでより良く変わっていくためのＤＸの一つに過ぎない。

とはいえ、データをより効果的に活用し続けていくことは、ＤＸ全体として当然に求められる論点である。

その検討にあたっては、まず「データ」というものの捉え方について、過大評価にも過小評価にもなることなく、何のために使いたいのかという意思や優先順位の発想を強く持ち、そのうえで取扱う範囲を広げたり重ねたり、といったアップデートを行い続けていくことが必要である。

データ活用の基本であり出発点は、「何のためにデータを使うのか」という問いである。例えば「これまで曖昧だったマーケティング施策の成果をより精緻に検証できるようにしたい」「部門ごとに生産性を上げられる余地をデータにより見つけたい」……など。そういった問いを持たないまま分析をすることは、いわゆる「分析のための分析」になってしまい、労力の無駄遣いになるだろう。

そもそもデータは何でも活用できるというものではない。デジタル化さえできていればすぐにデータを使えるわけでもない。さらに言えば、機械が読み取れる状態にしたり、重複したデータを名寄せしたりという、インプット以前の対応量もバカにならないのが実情である。何でもかんでもデータ化すればいいというものではないのだ。

目的に即してデータを洗い出していく過程で、「このデータはゴミだな」という気づきもあれば、「こういう情報とセットで取れば使えるようになるな」「このＩＤと紐づけたら有益な情報が得られそうだ」という健全な発展にどんどん繋がっていくはずだ。

❖データに「宝の山」など眠ってはいない

それと対照的なのが、「会社に眠るデータに何らかのお宝が眠っていそうだから、活用したい」というスタンスである。いわゆる「ビッグデータ」がバズワードになった際に、CMなどでよく聞いたフレーズだ。しかし、そんなぼんやりとした解析から何かが見つかることは皆無であろう。

正確に言うと、データを分析することで何らかの相関関係が見つかることは当然あろうが、見つかったところで「So What?」な発見であれば、何の意味もない。

例えば、「目線と同じ高さにある棚の商品が売れやすい」「商品Aの売上の78・2%がリピーターによるものであり、このリピーターのうち、他の商品を一度でも購入したことのある人は84・7%である」とわかったところで、「でしょうね」という話だし、「社員満足度は年齢を追うごとに高くなっている」というデータが出たところで「だから?」という話である。それは宝の、いや、宝ですらない何らかの持ち腐れ状態に過ぎない。

なお、分析の対象となるデータは、売上や顧客に関わるものがフィーチャーされる傾向にある。これは効果や着手のしやすさの点からそうなっていることが多く、それはそれで問題はないのだが、コストサイドや働きやすい環境作りというような視点からのデータへのアプローチ拡大も同じく期待したい。

例えば工場において生産計画の進捗をデジタル管理するとともに、そのデータを元に最適な生産指示を出すことができれば、納期遵守や残業削減を実現できることとなり、顧客や従業員の満足度を向上できるかもしれない。

また、近年注目されているのが、「シフト管理のためにＡＩを使う」というものだ。小売店や飲食店において、誰がいつシフトに入るのかを決めるのは一苦労だが、ＡＩの活用によって自動的に最適かつ公平なシフトが組めるようになる。

過去のデータから退職意向のありそうな社員に関するアラートを出したりといった、社員とのコミュニケーションを改善するための活用方法もあるだろう。

❖誰がデータ分析に携わるべきか

誰がデータ分析に関わるかも重要なポイントだ。例えばマーケティングを知らないデジタル人材だけで顧客に関するデータ分析をせっせとやったとしても、現場を知らないメンバーたちから有益なデータが出てくるとはとうてい思えない。

昨今は「データドリブン」というフレーズの下、データを用いた意思決定こそが重要だと言われているが、それと「とりあえずデータを出してみてから考える」とはまったく違う話だ。

最近、メーカーでよく聞くのが、研究開発部門の基礎研究がどれだけ会社の役に立っているのか、ということへの苦言だ。これもまた、事業化や収益化をあまり意識したことのない、つまり顧客に何かを売るという現場を知らない人材ばかりが研究に携わっていることによるものだろう。

それでも、研究部門には次世代に向けた長期の成果が求められていることもあり、「無意識の発見」と向き合う余裕も必要かもしれないが、マーケティングにはより即効性が求められる。研究開発部門以上に「こんなの見つかりました」だけでは、本来は許されないはずだ。

これを避けるためには、データ分析のチームにマーケティング部門を知る人間が入る、あるいはデータ解析部門のトップをマーケティング部門のトップが兼ねるなどの方策が必要となる。いくらデータ解析チームが優秀でも、その能力を活かす座組を考えなければ、それこそ宝の持ち腐れになってしまう。

「どんなことをしたいのか」から逆算して、「そのためにはどのようなデータが必要なのか」を導き出す。そして、そのためのデータを集め、デジタル化し、解析し、アクションにつなげる。データ活用のスタートは必ずそこからでなくてはならないのだ。

デジタル人材の活かし方
――使いこなせる会社と逃げられる会社

DXあるある病⑨
～デジタル人材と向き合っていない、敬意を表していない～

「デジタル人材」にもいろいろいて、事業への理解度ゼロの人間から、今すぐ自社の経営メンバーになってほしいような人までさまざまだ。しかし、どうもわが社は「デジタル人材」でひとくくりにしてしまい、あまり個人個人の違いに関心を持とうとしていないようだ。それって要するに、人材に対して敬意を表していないということで、こんなことでDXはうまくいくのだろうか。そもそもうちの経営陣は、デジタル人材に限らずすべての社員について、関心を持っているのか疑問だ……。

❖デジタル人材は、何を求め何に惹かれるのか

自社にデジタル人材が不足している場合、当然、外部からデジタル人材を採用してくるという選択肢もあるだろう。あるいは、今話題の「データサイエンティスト」を採用したい、という企業もあるはずだ。

ただし、その人材を生かすも殺すも、採用した側の仕組み作り次第だ。何をどのように担ってもらうのか、より強みを発揮してもらうためにどういったチーム体制を組むべきなのかが、非常に重要になる。

また、そうした人材がそもそもどのようなインセンティブでその企業に入ってきたかを考えることも、意外と大切な視点だ。あくまで高い報酬を求めてということならば、こちらもある程度ドライにその人の能力を「活用する」という視点で接すればいいかもしれないが、自社のミッションに共鳴してくれたというのなら、もっと深いところでコミットしていく必要があるだろう。

デジタルに関わる人材も同じ「人間」という生き物であり、機械的に動作するものではないのである。

昨今、「ジョブ型雇用」という言葉が話題になっている。ある会社に帰属することに重きを置き、会社から与えられる仕事はどんなものでもこなすという「メンバーシップ型」に対して、自分の仕事の範囲を明確にする「ジョブ型」は、すでに欧米では一般的な雇用形態だが、日本でも徐々に広まりつつある。いわゆるデジタル人材もまた、このジョブ型に属していると言えるだろう。

ジョブ型雇用の人材に、終身雇用を前提とした旧来型の「会社への無条件のコミットメント」は求むべくもない。だからこそ、良い人材にはどのように長くとどまってもらうかを考える必要がある。面白いことや新しいことをやりたいという人の挑戦心を引き出せるような仕組みであるとか、集中して仕事に取り組める環境を提示するとか、それは各企業によって違ってくるだろう。

一方でもちろん、プロスポーツ選手のように超高額な報酬を払う代わりに、成果が出なければ出ていってもらうといった仕組みが自社の文化に合っているというのなら、それもまた選択肢の一つだろう。ただし、給与だけを目的に入ってきたメンバーは、より高い給与だけをインセンティブにしたジョブホッパーとなりがちであることには留意すべきだ。

❖「出島」は本当に有効なのか？

ちなみにこの文脈で昨今、注目されているのが、**デジタル部門やデジタル人材に関しては、組織形態も人事制度も他の部門とは別のものを適用する**、というものである。端的な例で言えば、朝9時に出社して社員はみな社歌を歌うことになっている会社でも、デジタル部門はやらなくていい……といったものだ。こうしたやり方を「出島を作る」とも呼ぶ。富士通や東芝などのように、専門の子会社を作ってそこに人材を集約させるという方法もある。

こうした方策はデジタル部門に限らず、CVC（コーポレートベンチャーキャピタル）の立ち上げ時などにも採用されることがある。デジタル人材とその他の社員との間のダブルスタンダードを正当化しやすく、また、外部へのアナウンスメント効果も高いため、一考の価値はあるだろう。

しかし、出島としたことで他部門との交流がまったくなくなり、かつ、成果も上がらなくなってしまうという「リアル出島」になってしまっては本末転倒だ。「本体組織の何かから解き放たれることで、本体組織のトランスフォーメーションにどのように成果を上げられるのか」に常に意識を巡らせながら、意思ある仕組みを能動的に作っていくことが必須である。

❖「高いお金さえ払えば使える人材が採れる」は大きな間違い

データサイエンティストを始めとしたデータ分析人材は、引く手あまたではある。とはいえ、やはり彼らのすべてが経済的条件で動いているわけではない。経済的な評価は当然ではあるものの、それ以上に「ちゃんと自分たちのことを考えてくれている」「必要とされている」ことの実感を得られることは重要だ。

経営陣がその必要性を心底思い、時には自ら口説いてくれる企業と、「よくわかんないけど、おカネさえ払えば使える人が採れるんだよね」としか捉えていない企業のいずれに人が魅力を感じるかは、言うまでもない。

報酬金額に関しても、同業他社の報酬水準を調べておくことはもちろん大事だが、「じゃあ、報酬は他社と同じでいいね」というような失礼な話で終わってはならない。単に要求過剰の人材もいるとは思うが、その要求を受け入れるべきかどうかは、会社として実現したい内容や得られる収益と比較して判断するしかない。その判断なきまま、拒絶したり、言いなりになったりすることがあってはならないのである。

そう考えた時、結局はやはりそこに関わる人材や組織に対する経営陣の精神的コミットメントがなければ、ＤＸの実現には程遠いということがわかる。

そもそも「データを活用すれば何かいいことがあるはず」という曖昧な思い込みの元、「とりあえずデータサイエンティストでも雇うか」「高い給与払っておけばいいんでしょ」というその場しのぎの人材戦略に走ってしまっては意味がないということだ。

そのあげく、「高い給与を払ったのに成果が出ない」ということになれば、採用したほうも採用されたほうも全員不幸になり、しかも、そこからは何も生まれない。

「ヒトのクセ」と向き合う
――使うのはあくまで人間である

❖アプリを作ればいい、というものではない

DXの施策が「点」止まりになってしまうもう一つの理由として、実際に使うユーザーの行動変容をセットで考えていない、または行動変容をさせることの難しさを理解できていないという要因が挙げられよう。

例えば、個人用医療機器を手掛けているメーカーが、毎日データを入力することで健康に関するアドバイスを得られるアプリを開発したとする。こうしてユーザー情報を集めた先には、データを活用することによって、健康状態やお勧めの健康行動についてのアラートを出し、個人に適した治療や食事プランを提案して……という、健康に関するあらゆるサービスを広げていくというイメージである。

だが、アプリを開発したからといって、ユーザーすべてが登録してくれるとは限らない

し、毎日入力してくれる人となると、かなり少なくなってしまうだろう。本来、「どうやったらユーザーがこのシステムを使ってくれるか」「使い続けてくれるか」をしっかりと設計したうえで出すべきだったものが、そこが抜けていたため、「点」で終わってしまうのだ。

実際、こうしたヘルスケア領域のサービスのアイデアは以前からあり、その可能性は誰もが理解しているが、いまだに社会実装が思ったほど広がっていない。それは、「点」を作ったあとに、どう意識させて、どう使わせるかについての想像力が欠けているからではないだろうか。

人は基本的に三日坊主の生き物である。そんな人に毎日データを入力させるためには、相当のインセンティブをつけるか、自動的に簡単に入れられるような仕組みが必要になってくるだろう。これが**「行動変容まで意識する」**ということである。

もちろん、健康に対する意識の高い、かつマメな人たちは能動的に情報入力をしてくれるかもしれないし、そうした人たちをますます健康にしていくことにも価値はある。ただ、昨今の企業にはその社会的責任、つまり「世の中全体を良くする」ことが求められている。どうやっても健康診断を受けにいかないような層も含めて継続的に回していく仕組みを作ることを、まずは考えてみるべきだろう。

例えば「どうやっても健康診断を受けにいかない」群の人たちも含めた検証グループを作り、細かいＰＤＣＡを回しながら、何だったらできる・続けられるのか、アメと時にムチはどう織り込めばいいのか、どこで離脱するのか、逆にどのポイントを超えられたら維持できるのか……を追求し、そのリアルに基づく仕掛けを活用したアプリなりサービスなりを展開する必要があるだろう。

ちなみにこれは完全に余談だが、既存のこうしたサービスの中には、データを活用したと謳いつつ、出てきたアドバイスなどのアウトプットが「占いか？」と思うようなレベルのものも多い。これからデータを蓄積して……ということなのかもしれないが、これでは人はついてこない。

行動変容を意識すると同時に、当然のことながら、アウトプットの質を充実させることも必要だ。

❖ＵＩとＵＸを考えているか

同時にＤＸにおいて必ず考えなくてはならないテーマが、「ＵＩ」および「ＵＸ」である。

「ＵＩ」とは「ユーザーインターフェース」の略。例えばＨＰやアプリの画面がそれにあたる。その画面上でどんな色遣いやフォント、配置にすると見やすいか。どこにボタンを置くと便利か。それを考えることが極めて重要になってきているのだ。

「ＵＸ」とは「ユーザーエクスペリエンス」の略。そのＨＰやアプリを見た時に、顧客がどのような体験をし、どのような思いを持つかを指す。

当然だが、見づらかったりわかりにくかったりするＵＩでは、顧客はいい印象を持たず、すぐに離脱してしまうかもしれない。逆にわかりやすく便利なＵＩを提供できれば、いいＵＸに繋がり、それが購買や登録などに繋がっていく。

例えば昨今、どこの証券会社でもオンラインで株式の売買ができるのは当然だが、楽天証券やＳＢＩ証券といったネット専業の会社はやはり、使いやすいＵＩにこだわっているように感じる。

「デザインなどどうでもいい」と思う人もいるかもしれないが、ＵＩやＵＸとは単にデザインの問題ではなく、「使う人のことをどれだけ考えられるか」という話なのである。

ここで注意すべきは、**良いＵＩやＵＸは作り手ではなく「使う人が決める」**ということだ。作り手が「いいと思っている」ものが正解ではなく、実際にユーザーにアクションを起こさせたものこそが正解なのだ。作り手はその正解を求めて、謙虚な改善活動を積み重ねていかなければならない。

❖「どうやったら使ってくれるか」は社内向けにも重要な視点

上記はあくまで一例に過ぎないが、行動変容は非常に難しいことを理解したうえで、それを追求していく覚悟なくしては、いくら「点」を作ってもそれはただの自己満足になりかねない。要するに、どれだけ真剣に「ヒトのクセ」と向き合えるか、という話なのである。

社内の仕組みも同じである。データをデジタル化したり、ツールを用意したりしても、「どうしたら社員はそれを使ってくれるか」を考えない限り、その活用は進まない。

仮に社内向け情報共有ツールを作ったところで、「なぜ、情報共有が大事なのか」「どういう狙いでそのツールを作ったのか」という大前提が社内で共有されていなければ誰も使わないだろうし、使いたくてもその仕組みが複雑だったりしては、「メールで十分」ということにもなりかねない。実際、せっかく導入したツールをなかなか社員が使ってくれないという話はよく聞く。

UI・UXの追求もまた、重要だ。使うシーンに合わせた仕様にする必要がある。業務用のツールをやたらとキラキラした派手な画面にしても仕方がないし、コミュニケーション目的のツールの画面があまりに事務的な印象だと「ちょっと違う」となるだろう。

DXとはいっても、結局それを使うのはあくまで「ヒト」である。そのことを忘れないようにしたい。

【コラム】最先端技術とどう向き合うか

ＤＸを「キラキラしたモノ」だと思いたい人にとって、ＡＩなどを使ったいわゆる「最先端技術」は非常に魅力的に映る。

未来のネコ型ロボットのような世界観での妄想はそこそこにとどめる必要はあるものの、最先端へのアンテナを常に張り続け未来に備えることは、技術の社会実装の場を自社内に備える企業の社会的役割ともいえよう。

ただ、最先端技術は大きなゲームチェンジを引き起こす潜在力を秘めてはいるものの、すぐにそのまま使える可能性は低く、先行的に資金を投資する形での実証実験等を伴うことが通常である。要は、**最先端技術の活用には「お金と時間がかかる」**のだ。

ここでやってしまいがちなのが、１００万円、２００万円という少額の実証実験（Proof of Concept：ＰｏＣ）を、大学研究室やベンチャー等と組んで多数やってみるということだ。そして、それをやったことで何となく満足してしまう。

ゲームチェンジとまでは言わずとも、世の中にインパクトを与えるための実証実験が

１００万円、２００万円でできるわけはない。もちろんコストにも余裕は必要だが、絶対額が小さいという理由だけで、こうしたやりっぱなしが許容される雰囲気があるとすれば、それは悪である。無駄な１００万円も10件使えば１０００万円であり、１００件使えば1億円である。

つまり、大事なのは「本気でやるかどうか」。本気でその技術を活用したいのであれば、覚悟を決めてそこに集中投資すべきだし、その覚悟がないならいっそ、最先端技術からは手を引くべきだ。

DX悪魔の辞典④

「トップ人事」：サラリーマン上り双六《すごろく》の優勝者決定の瞬間。速報価値ゼロだが、なぜだか経済系メディアが総力を挙げてスクープしたがる。

（解説）いまだ昭和のサラリーマン空間における空気では、トップ人事決定の瞬間は、新卒入社以来、40年近くにわたる長い長い上り双六の最後の優勝者決定の瞬間らしい。

私たちはいろいろな立場でトップ人事に関わることが多いが、特に有名企業のトップ人事に対しては、経済紙が異様な執念で「特落ち」（他の新聞やテレビに先に報道されること）を避けるべく頑張る。

しかし、DX経営の時代、経営トップになるということは、会社で最も辛くて厳しい責任を負わされることを意味している。ゴールでも何でもない。人生において最も困難な時代のスタートであるし、報道上、大事なのは、その会社がどんな課題を抱える中で、誰がどういう理由で選ばれ、その人がこれからどんな経営をしていくのかである。誰が社長に選ばれたか自体には何ら速報価値はない。

伝統的なメディア自身がいかにDX経営から遠いところにいるか、ここからもよくわかる。

「CxO」：伝統的な役職の単なる横文字言い換え。これで何だかグローバル化、DX化時代に適応した組織になったと誤解して、さらに時代から取り残される。

（解説） 社長や会長にCEOをつけるのは、どちらが最高権力者か社内外にわかるようにするため。財務経理担当の一番偉い人、専務か常務が多いが、それにCFOとつけるのは、そうしないと海外IRで困るから。研究開発本部長や研究所長だとコストセンターの責任者みたいで経営陣っぽくないのでCTOとつける。最近は経営企画室長にCSOとつけるのも流行。さらにはDX担当のCDOまで……というわけで、CxO（Chief x Officer）の実態の多くは諸般の事情による今どき流行の横文字言い換え。

しかし、いずれも組織の基本構造、経営プロセス、意思決定メカニズムは旧態依然のままで、C（Chief）すなわち「最高」権限者としてトップダウンでヒト、モノ、カネに関わる重要な意思決定を現実に行うことを前提としないために、CxOを設置しても目指すべき本来の実効性は上がらない。
例えばCFOは、DX時代に迅速で果敢な戦略的ピボットが求められる中、全社としての競争力、成長力、収益力強化を目的とした資源配分について、事業部門や機能部門の上に立って、経営的リーダーシップを発揮しなくてはならない。しかし、ほとんどの場合、実態は経理的な業績集計と受け身の資金繰り作業の取りまとめ管理職になっている。
CxOと名前を変えただけで実態が変わったような気になって安心することで、さらに時代から取り残される危険性のほうが大きい。

「組織の新陳代謝」：経営トップの就任年齢が60歳代の日本人のおっさんから、50歳代の日本人のおっさんに気持ち若返ること。

（解説）新社長の就任会見で70歳近い前任者が、「この度、組織の新陳代謝を進め、経営陣の若返りを図るためにまだ55歳の若い○○君を社長に指名しました」なんて言う光景を最近よく目にする。

経営者の就任年齢が前より若くなることはいいことだが、日本語の普通の使い方として50歳代を若いとは言わない。男性なら50代も60代もみんなおっさんだ。

終身年功サラリーマン組織を前提とした「新陳代謝」という言葉は、このような特殊な意味に使われる。新卒一括採用で終身雇用の組織における本当の意味での新陳代謝、すなわち組織構成員の全員入れ替わりには40年かかる。

はっきり言って、ＤＸ時代に必要な組織の新陳代謝はもっと激しいもので、10年でその組織の構成員がほぼ入れ替わるくらいの代謝力がないと、ダイナミックな組織能力の変容競争では勝ち残れない。

「中期経営計画」：各部門の経営的妄想のクリップ止め。経営陣にとって「これで仕事が終わった」とホッとできる精神安定剤。だがその効き目は長続きしない。

（解説） 5年程度のサイクルでオリンピックのようにやってくる年中行事。ボトムアップ型の典型的な日本的経営の会社では、各部門から上がってくる売上・利益計画を経営企画部がクリップ止めして出来上がる。

その積み上げが会社全体としての売上・利益計画としてあまりに切ないと「もっと数字を上げてくれ」という指示が下に降りて、各部門は経営的幻想を盛った数字を創り、積み上げ直しを行うことで出来上がる。この過程で高ーいお金を払って、いわゆる「戦コン」（戦略コンサルティング会社）とかを雇って、「幻想作り」を手伝ってもらったりする。

その数字を見て経営陣は「経営のお仕事がひと段落」という感じでとりあえずホッとする。しかし数字を盛った分、早晩、矛盾が露呈するのと、当然ながら今どき計画数値の前提条件は半年もしないうちに音を立てて崩れるので、その精神安定剤効果は長続きしない。

「比較優位」：競争優位の言い換え？　いや最も直感的にわかりにくいために最も誤解、誤用される経済学用語。

（解説）「比較」という言葉が誤解を招くのか、ほとんどの場合、他社との比較で競争優位（経済学用語的には「絶対優位」）にあるという意味に誤用される。

しかし、これは自らの中の比較において得意か不得意かを意味する言葉で、英国の経済学者リカードによる、「自由貿易体制において仮にある製品に関する生産性で他国を上回っていても、自国の中にその製品を作るより高い生産性を有する別の領域を持っているならそれに集中し、不得意、すなわち比較優位のないものは自分より生産性が低くても他国に任せるべきである」という議論で使われた概念である。

背景には「機会費用」という概念があり、これは有限資源において、他社より優れているというだけで自分の中の比較において得意でないことに手を出すと、より得意なことをやっていれば得られた利益機会を逸するということだ。ノーベル経済賞学者のポール・サミュエルソンは、これを「最も直感的にわかりにくい経済学用語」と言っていたらしいが、日本企業の多くも単に誤用するだけでなく、この罠にはまる。

まず機会費用という概念は、リアルな発生費用と違い、「もしこっちをやめて、代わりにあっちをやっていた場合に得られたであろう利益の逸失分」なので、抽象化度が高く、理解、実感することが難しい。加えて日本的経営の前提は現状の事業構造、業務構造、組織能力の根っこの部分はいじらないで、漸進的、改善改良的に生産性を高めるスタイルであり、種目の大転換が前提となる機会費用の実現可能性は低い。

しかし、ＤＸ時代の経営においては、自らが本気でやるべきことは何なのか、競争優位（絶対優位）だけでなく、機会費用や比較優位概念、すなわち何をやるほう（≒何をやらないほう）が得なのかで厳しく検証し続けることが必須である。

CHAPTER-5

DXで「壮大な未来」を描く

ダイアログ5

「とりあえずアプリを作ってみました」

（某月某日・社内の食堂にて）

社員G「お前、先日ローンチされたうちの会社のアプリ、使ってみた？」

社員H「え？　何それ？　そもそも初耳なんだけど？」

社員G「うちのＤＸの目玉ってことで、数千万かけて作ったらしいよ。確かにデザインは結構いい感じだぜ」

社員H「でもさ、お客さんと直接接するうちらがそれを知らないって、どういうことなんだ？　今までのシステムも使うのかな。お客さんにどう説明しよう？　何が新しいのかな？」

社員G「まぁ、とりあえず何か発表して、他社に遅れをとっているとは思われないようにしようという、うちの会社のいつもの発想なんじゃないか？」

社員H「そんなことのために何千万も使うなら、社食のメニューをもっと充実してくれないものかな……。あ、リモートワークの今の時代に、社食のメニューとか言っちゃう自分もダサいかも……」

オープンイノベーションとDX
——大企業病を払拭できるかがカギ

❖借りたいもの・貸せるものがわからずに、「借り物競争」はできない

DXの加速にあたっては、他社との協働によるオープンイノベーションが有効となるケースもあるだろう。他社と組むことでDXが独りでに生まれるわけではないし、誰かと組まなければDXができないわけでもないが、協働することによってより良いものがより早く生まれる、できなかったことが実現できるようになる、新しい技術が社会実装される……といった可能性が高くなるなら、オープンイノベーションは積極的に仕掛けられるべきである。

オープンイノベーションは、意訳すれば「上手な借り物競争」と言えよう。コラム「悪魔の辞典」でも述べたが、イノベーションを「技術革新」とした世紀の誤訳によって、日本人の多くはイノベーションの意味を取り違えている。本来的な意味は「新結合」。砕け

た言葉で言えば「パクリの掛け算」「借り物競争」ということである。

例えばベンチャーの開発したAIカメラを使って店内の人の動きを分析し、最適な動線やレイアウトを追求する、ある匠《たくみ》にしかできない技術を自動化できるよう、ベンチャーや大学研究室と一緒にアルゴリズム作りに挑むなど、DXにおいても幅広い「借り物競争」の可能性が考えられる。


DXに限らない話ではあるが、他社とうまく組むためには、大前提として自らをよく知っていること、つまり自分たちは何が強みで、どういったクセがあって、何が苦手で……ということを知っている必要がある。いわゆる「メタ認知」だ。

それがないと、自分たちが「相手に何を提供できるのか」が見えてこない。その整理ができないままオープンイノベーションといったところで、ただの「くれくれちゃん」や「上から目線の人」になってしまうだろう（現実には、やけに偉そうに接してきたり、慇懃《いんぎん》無礼だったりする人間が意外と多いのだが……）。一方的な要求はイノベーションとはほど遠いことは言うまでもない。オープンイノベーションにおいても、キーワードは「自社」なのである。

オープンイノベーションはいわゆる「ｗｉｎ－ｗｉｎの関係」であることが前提だ。だが、自社が相手にどんな「ｗｉｎ」を提供できるのかが不明確ならば、いっそ「この業務をいくらでお願いしたい」という業務委託をはっきり結んだほうがお互いのためだろう。

そして「自分たちが相手に何を提供できるのか」を理解したうえで、当然ながら「何を成し遂げたいのか」「相手に何を期待するのか」をクリアにすることが必要になるが、こちらもまた意外とできていないことが多い。「とりあえずベンチャー起業家と会ってみれば、何か起こるのではないか」「産学連携イベントに足を運べば、何かしら発見があるのではないか」というふんわりした他力本願の姿勢からは何も生まれない。

もちろん、ふらりとどこかに出かけたり、誰かと雑談してみることに意味がないわけではないが、それは常日頃から成し遂げたいこと、誰かに期待したいことの軸が自らの中にあるからこそ偶然を引き寄せられるのであり、日々ボーッと生きている人にいわゆる「セレンディピティ」は起こらない。

❖経営視点を持ってベンチャーとの連携を理解する

なお、オープンイノベーションにおいては、「大企業×ベンチャー」という形での連携のケースが多くなるだろう。つまり、資金力や過去のノウハウがある大企業と、技術やアイデアを持つベンチャーとの組み合わせだ。

この連携をうまく進めるにあたっては、**大企業とベンチャーの企業文化の違いを意識しておくことが重要だ**。中でも、大企業の中で漫然と生きているとなかなか意識できないものとして、ベンチャーにとっての「資金調達の重要性」がある。

ベンチャーにとって、事業を営むためのおカネを第三者から集めてくる資金調達は経営上の最重要課題となる。資金がなければ事業を営めず、一方で何の対価もなく資金を出してくれる人もおらず、ベンチャー経営者はここで非常に悩むこととなる。

通常はモノを売ったり、サービスを提供したり、ということで企業は資金を得るわけだが、そうしたモノやサービスをまだ開発中であるベンチャーは通常の形での資金を得ることができない。まずは言われた通りのモノを作る、いわゆる受託で資金を得ることも考えられるが、限られたリソースを受託に割いていては、作り上げるべきモノやサービスの開発がいつまでたっても進捗しない。

そこで、ベンチャーは会社の株式を資金の対価として渡すことになる。これがよく聞く「ベンチャーと大企業の資本提携」「ＣＶＣ（コーポレートベンチャーキャピタル）を設立してベンチャー出資を実行」というニュースである。

大企業の一員でいると、そのあたりのニュアンスを理解できず、「株主になったらベンチャーの技術は自分たちが独占的に使える、何でも自分たちを優先してくれる」と勘違いしがちだ。大企業の社員は資金繰りなんて、気にしたこともないだろう。そうしたすれ違いにより、両者の間に亀裂が入ってしまうことは多い。

もちろん、きちんとした経営ができていないベンチャー経営者もいるし、特に景気の良い時期には甘やかされて天狗になったベンチャー経営者も増える。しかし、多くのベンチャー経営者は日々、先述のような課題と奮闘している。そんなベンチャー経営者たちの立場、想い、悩み、インセンティブをきちんと理解できるかが、提携を成功させるカギとなるだろう。

自らが経営者でなくとも、「経営」視点を持つことはできるはずであり、経営視点を持ちながら関係を作っていくことが、DXにおいてもオープンイノベーションを成功させるカギとなろう。

大企業にもベンチャーにもそれぞれ役割がある。持続的な良いオープンイノベーションを構築していくために、大企業として譲れないことは当然に主張すべきだが、サラリーマン意識丸出しでベンチャーに接する、言い換えれば自分の世界観だけで接することは、「あの会社、最悪」というレピュテーションリスクにすらなる。

また、これまた大企業特有の「検討ばかりしてなかなか決断しない」も避けるべきだ。大企業による「時間泥棒」は、ベンチャーに最も嫌われることを忘れてはならない。

❖「社内の目利き」が判断を誤らせることも

もう一つ、大企業とベンチャーの間でよく起こる「あるある」がある。これまたDXに限定した話ではないが、どこかのベンチャーの技術に魅力を感じて提携できないかという話になると、「うちの社内の研究開発・技術部門の目利きに判断を仰ごう」という流れになり、ヒアリングが行われたり、実際に打ち合わせがセットされることになる。

その際、かなりの割合で研究開発・技術部門から出てくる必殺文句がある。それが「明日から使えない」だ。「いい技術かもしれないけど、明日から使えるわけじゃないでしょ」（＝時期尚早でしょ）という意味である。そもそも、こういう話をDX推進部門（あるいは、経営企画部門や新規事業開発部門）から持ち込まれること自体が気に入らないのかもしれないが、「あいつら技術のことわかってないんだよ」というこれまた必殺文句の下、敵対心を剥き出しにシャットダウンされることが少なくないのだ。

もちろん今すぐ使えることをベンチャーとしてもウリにしているのなら、「明日から使えるか」を判断材料とすることには合理性があるだろう。

しかしながら、ベンチャーは先述の「作り上げている」フェーズにあることが多く、むしろ使えるようになるよう一緒に作り上げていくことこそが、大企業にとってのオープンイノベーションの神髄とも言える。

大企業経営者が「5年前に、あの会社から資本提携の話が来てたんだけどね」「気がついたらアップルで採用されてたなあ」と遠い目をしながら思い出話をすることがしばしばある。そして、そうなってしまった理由を聞くと、「研究開発部門がまだ使えないって言うからさ」という答えが意外と多いのである。社内のいわゆる「専門家」が、提携のハードルになってしまっているのだ。

経営者やＤＸ推進担当者は、「あの時、もっとちゃんと話を聞いておけば」と後悔しないよう、自分の目で真剣に検討すべきであろう。

❖堂々と付加価値の交換をし合い、効果を相乗化させる

あらためて整理すると、ＤＸにおいても、オープンイノベーションは当然にその実現のアクセルとなり得るものだが、目的もゴールも考えることのないまま、夏休みの自由研究のネタを探すべく、どこかの展示コーナーに行くようにベンチャーを訪問し、そこで大企業のサラリーマンの悪いところばかりを露呈してしまうようでは、何も生まれない。

自らの付加価値を堂々と差し出すかわりに、相手の付加価値も堂々と受け取り、その効果を最大限に相乗化させていくことができるならば、オープンイノベーションによってＤＸは大きく推進されるだろう。

「壮大な航海図」を描く

——産業構造・社会構造の変化を念頭に

❖大きなストーリーを描いたうえで、小さく始める

　社内のＤＸ推進にあたっては、どうしても目先の課題にばかりとらわれがちだ。もちろん、最初のとっかかりとして効率化から入ることは有効ではあるが、本来は、デジタルを活用して新しい価値を創出したり、ゲームチェンジを起こしていったりするような大きなストーリーを描いてほしい。

　産業構造や社会構造の変化への意識も持ちながら、自らが関わるエコシステム全体をＤＸでどう良くしていけるか、つまりはサステイナビリティを追求したＤＸをどう設計していくか。そうした意識を持った企業のみが、世の中から選ばれる時代が来る。

　例えば昨今叫ばれている「過疎化」の問題がある。高齢化が進み、近くにスーパーもな

いような地域をどうしたらいいのか。

仮にあなたの会社が物流を手掛けているのなら、DXによってこの問題を解決できないだろうかと考えてみるのだ。例えば、こうした地域にも郵便局だけはあることが多いので、郵便局に端末を置き、そこで近場のスーパーにあるものをすべて注文し、自宅で受け取ることができるような仕組みを整えることができるかもしれない。最初は郵便局で教えてもらいながら使っていた高齢者の方も、だんだん慣れてくることで、自宅で端末を操作できるようになるだろう。

デジタルツールを使えない＝DXのメンバーになれない、という分断思想に浸るのではなく、高齢者とDXを繋げるラストワンマイルをどう埋められるかを考えることのほうがはるかに重要である。

こうして、地域社会を支えることができれば、自社の売上も伸びる。まさに社会全体がwin-winになる仕組みが出来上がるわけだ。

一方で、「データで繋がる社会」などというお題目を掲げておきながら、実際には自己満足に過ぎなかったり、便利さを装った刹那《せつな》的な搾取であるようなケースも多い。こうした欺瞞《ぎまん》はすぐに見抜かれてしまうだろう。

要するに「エコシステム全体に貢献する」「新しい付加価値を顧客に、社員に、地域に、**世の中に届けるのだ」という本質を常に意識しながら、ＤＸを推進する必要がある**ということだ。

❖実は「ポスター」が役に立つ？

ただ、そういう話を最初にするとどうしても、「そんなこと本当にできますかね？」といった面倒くさいオーラが社内から頻出することになる。実際、こうした中長期の目標だけでは、ゴールがなかなか見えずに心も折れがちになる。だからこそ先述したように、まずは「脱ハンコ」「ペーパーレス」というわかりやすい活動からＤＸを始めるという施策が必要となる。

ただ、それはあくまで始動時のコツであり、「容易に着手可能なこと≠短期的にやるべきこと」をどれだけ頑張り続けても、本質的な「変わる」には届かない。本来的にはこのようなエコシステム全体を常に意識しておく必要があるのだ。

なお、くだらないと思われそうだが、「ＤＸで世の中を変える！」などと書いたポスター的なものを社内のあちこちに掲示しておくことは、実は地味に効果が期待できる。「デジタルなのに社内ポスターかよ」という声もあるだろうし、オフィスへの出社頻度が下がっている昨今は別のツールとなるのかもしれないが、いずれにしても毎日目にし続けると人はその気にならざるを得ないし、「楽をしたいな、あきらめたいな」と思った時に、「それではいけない」というアクセルあるいはブレーキが働くこととなる。

❖ＤＸのコントロールタワーになるのは誰だ!?

企業も社会の一員であり、社会を動かすエコシステムをどのように回していくかを考えることは、今後の事業継続のために必須であろう。そして、その際にはぜひ、自社こそがそのコントロールタワーとなっていくという気概が欲しい。

自社がいくらＤＸを進めても、取引先や顧客がそれについてこられなければ、単なる自己満足に終わってしまう。取引先も巻き込んだＤＸを進めることで、サプライチェーン全体を強化することが可能になる。さらに、地域や顧客に対してもその範囲を広げることで、ステークホルダー全体をハッピーにすることが可能なはずだ。

「データで繋がる社会」とぼんやり言っているだけではなく、「データを繋げる私たち」がいなければ、社会は繋がらない。「誰かがやってくれるだろう」と思わずに、自分たちこそがそのコントロールタワーになるという意識を持ってほしい。

❖社会問題解決のヒントは、現場に転がっている

企業の社会的貢献の必要性が叫ばれるようになって久しい。実際、昨今は多くの企業が「社会問題の解決」を標榜し、IR資料の中にも「地球温暖化」「国内の人口減少」「食糧危機」といった文言が並べられている。

しかし、実際には残念ながら「社会課題の〝解決〟」ではなく、「社会課題の〝認識〟」どまりに終わってしまっていることが多い。DXの推進により、こうした問題の解決をぜひ本気で考えていただきたい。

とある刑事ドラマの「事件は会議室で起きてるんじゃない」ではないが、世の中を見渡してみれば、さまざまな事件、つまり問題が起きているはずだ。それらはすべて、DXのチャンスである。

人口減少が不可避なら、DXにより少ない人数で社会が回る仕組みを整えればいい。食糧危機が不可避なら、大量に廃棄されている食品をうまく再利用するためのシステムをDXによって作ればいい。

問題そのものを消滅させることはできなくても、デジタルの力を借りて解決できる課題は絶対にあるはずである。

だからこそぜひ、**中長期でどのように世の中を変えたいのかという壮大なビジョンを描いてほしい**のだ。そこにコミットメントをしていければ企業の業績も自動的についてくるはずだし、何より関わっている私たち自身がワクワクできるはずだ。

トップ、そしてミドルに求められる「変化に対応するOS」

DXあるある病⑩

～「結局、組織の問題だねー」～

ＤＸ推進プロジェクトの会議なのに、出てくる話題は「トップの意思決定が遅い」「経営陣が議論についてこられない」「やり切る意思のあるメンバーがいない」といった目の前の問題ばかり。さらには、「ＤＸをこの事業で推進する意味はあるのだろうか？」「うちの会社って5年後、10年後にどうやって稼いでいくの？」という「そもそも論」になってしまうことも。そして、「結局組織の問題だねー（笑）」という結論に行き着く。ＤＸの検討をしていたはずなのに、何だか経営の根本的な問題ばかりが見えてくる……。

❖変化への対応力を磨き上げることこそが、ＤＸの目的である

ここまでＤＸ推進にあたってリアルに押さえるべきポイントをいろいろと挙げてきたが、ＤＸの航海図を作るにせよ、投下予算を考えるにせよ、具体的なＤＸ施策を実行するにせよ、社内で啓蒙活動をするにせよ、最後は自らを知り、世の中の流れや使える武器を知り、そのうえで自分たちはどう変わっていくべきか・変わっていきたいのかを思い描き続け、そのための具体的施策を立て、その実行に向けて邁進する、ということにすべての議論は帰着する。

世の中の流れは日々変わっていき、その流れはどれだけ考えても予測し得なかったり見誤ったりすることが避けられない。だからこそ、変化への感度を最大限に高め、変化の兆しを感じるやいなや、自分たち自身がトランスフォーメーションしていくより他ない。その繰り返しによって、私たちは「デジタルで変わる」というＤＸを自らの血肉とし、デジタルファーストで戦える組織能力を身につけていくことになるのだろう。

永遠に不変の強みなどというものは存在せず、変化が起きた時に変われないものが滅びていくというのは世の摂理である。つまりは、**変化に強い組織ＯＳをいかに作り上げ、**

それをアップデートし続けていけるかが経営の根幹となるわけだ。そして、ＤＸはそのＯＳを作り上げるための大きなカギであり、それをきっかけとして、デジタルにとどまらない会社自体のトランスフォーメーション、すなわちコーポレートトランスフォーメーション（ＣＸ）が引き起こされていくこととなる。

❖「任せても出てこない」は経営者の怠慢

これらを先導することができるのは、やはり経営トップしかいない。経営トップはＤＸもフックの一つとした組織能力改革に向けたロードマップを、自らの責任で描くべきであろう。そのうえで、ＤＸの実行推進を次世代幹部候補に担わせるのは、サクセッションプランの一つともなるだろう。

ＤＸは経営トップにとって悩みどころであると同時に、状況をガラッと変えたり、何かを始動するきっかけともなり得る。ピンチだ、面倒くさい、くさいものには蓋をしたいと思うか、これを機にやってやろうじゃないかと思うかは、経営者の力量や器次第だ。

なお、経営トップによくある逃げとして、「度量の大きい風オーラ」を出しながら、「任せる」アプローチを取ろうとするケースが見られるが、これは大きな間違いと言える。

全体を見据えた大方針を自ら打ち出し、経営層全体で腹落ちをしたうえで「任せる」ということであれば良いが、こうしたアプローチの99％は「任せる」ではなく「丸投げ」である。

「任せたんだけど、なかなか出てこなくてさあ」と平気で言ってしまう経営陣も多いが、本気でＤＸの重要性を理解しているのなら、「任せても出てこないリスク」を放置するわけがない。「材料が揃わないと決められない」という言い訳も多いが、短い期間で限られた判断材料で決めることが経営者の仕事である。トップダウンで短期に方針を決め切るしかないのだ。

もちろん、ボトムアップから大きく状況を動かす波が起きることは十分あるし、むしろ期待したいくらいであるが、それはしがらみのない前向きなアイデアに限るだろう。ＤＸを推進するにあたっては、ある仕事をなくしたり、場合によっては部門そのものをなくすなど、社内の反発が必至の大きなアクションも必要になる。これは、トップダウンでやるしかない。

❖「手も頭も使わないミドル」は不要

一方、トップのＤＸ推進を支えるのが、現場のミドルマネジメントである。ＤＸの推進が経営トップにかかっていることはまさにその通りなのだが、そのハブになるべきミドルマネジメントが頭や手を動かさないことには話にならない。

ただ、先述したトップの「任せる」に逃げる傾向は、大企業のミドルマネジメントにもしばしば見られる。偉くなれば自分は手を動かさずにすむと勘違いし、課長くらいまではまだ頑張っていたとしても、部長や執行役員になるやいなや「アガリ」になって、自分自身はまったく何もやろうとしないような人間だ。

部下がやったほうがいいようなことを自分が抱える必要はまったくないが、頭も手も動かさず、「管理することが仕事です」と言ってしまうようなミドルマネジメントは、ＤＸどころか普段の業務にすら不要だ。ちなみに昨今のリモートワークにより、「あの人、別にいなくていいんじゃない」という社員が露見してしまうケースが増えているが、こうしたミドルマネジメントがその代表だろう。

なお、ここで「頭と手を動かす」の意味をはき違えないようにしてもらいたい。ミドルマネジメント自ら、使い方もままならないSNSに手を出してみたり、動画投稿サービスを用いたデジタルマーケティング案を考えたところで、トンチンカンな施策しか出てこないだろう。スピードが命のデジタルマーケティングでどういった権限委譲やルールを作っていくことが必要なのかを考えたり、人脈を活かして他社の一次情報を得たりすることこそ、ミドルマネジメントの仕事である。

❖「コーチャビリティ」が重要になる

ここでキーワードとなるのが「コーチャビリティ」という言葉だ。他人からの指摘や助言を虚心坦懐《きょしんたんかい》に聞く能力、と訳すことができるだろう。変わり続けていくことが求められる昨今、若いベンチャー創業者でも大企業経営者でも、あるプロジェクトの責任者でも、成功を引き寄せるリーダーは皆コーチャビリティが圧倒的に高い。

中でもDXを推進するには、若いデジタルネイティブの助力が絶対に必要だ。自分にとっては部下や後輩にあたるこうした人材の言うことを素直に聞くことができるかが重要となる。

もちろんそれは、何かに流されたり振り回されたりすることと同義ではない。自分のやっていることに誇りと自信は持ちつつ、変わること、助言を受け入れることを厭わない。そもそも、「変えたくない」「入り込まれたくない」はむしろ自信のなさの表れである。

さらに、ＤＸを通じて全社的にコーチャビリティを浸透させる、つまり、「良い手段はどんどん取り入れていこう、変わっていこう」という組織文化を社内に浸透させていけるなら、それこそが真にＤＸが起きているということだろう。

ＤＸを巡る環境も技術も日々変わっていく中、その変化を糧に大きくなっていったり、必要があれば分裂したりと、いつでもしなやかに自己革命を起こせる合理性と情熱を兼ね備えた組織や人材にこそ、ＤＸの女神様は微笑み続けるだろう。

❖真のＤＸ組織とは

組織を構成するそれぞれのメンバーが、デジタルでどう変わるのかについての全社大方針をワンメッセージとして理解し、ＤＸの各シーンに応じた役割をリーダーなりフォロワーなりとして担いながら、デジタル活用へのリテラシーを高めていく。そうした活動を続けていく中で、性格的に素養のある一部メンバーに自発性が芽生え、新たなアイデアをどんどん実践していこう、トップダウンや他部署で決められた施策もうまく自分たちの中に取り入れていこう、という風土も生まれてくる。そんなエコシステムが組織全体で回り出した時、真のＤＸがその組織に定着しているということができるのである。

経営トップがすでにその意識で前進している場合は、皆でその実行をフォローすればいいが、経営トップが「逃げている」場合には、その意識改革を問い続ける必要がある。トップが変わるのを待ってなどいられない以上、自分たちの部門だけでもＤＸを進めよう、という方針も短期的にはあり得るが、その場合はどの範囲で進めていくかがカギとなるだろう。

特定サービスのＵＩやＵＸを磨き込むことでコンバージョンの改善を図る、部門でのペーパーレス活動を図る、というような切れ目のわかりやすい活動ならばよいが、いずれは全社的な大きな取り組みとしていかないと成功に至らないようなものは、あちこちで小さく始めてしまうとそのロールアップが困難となり、思いのほか厄介な問題になってしまうことがある。

その調整の骨折りがバカにならないことが想定されるのであれば、切れ目のわかりやすい活動から始めるほうがいいかもしれない。

近視眼になることなく、経営トップのコミットを問い続け、組織全体の能力を上げていく。現状に少しおめかしするだけで足りなければ、会社や組織のあり方を大きく変容させることも厭わない。

これはＤＸに限らない話かもしれないが、ＤＸも会社の持続的成長を担う要素の一つと考えれば、その大前提の元で推進されていくべきと言えよう。

デジタルを使って「もっと簡単・便利に」を実現できないかを常に考えながら、自らの立場で企業価値を持続的に上げていくための組織改革を図る。それこそがＤＸであり、やれ「サブスクだ」「顧客データをカスタマイズだ」という矮小化《わいしょう》した話に引きこもることなく、ＤＸを通じて変化への適応力を上げるのだという思いで、自分なり、自社なりのＤＸに挑んでいってもらいたい。

column

DX悪魔の辞典⑤

「キャッシュフロー計算書」：何だか財務諸表に記載しろと言われているので、訳もわからず計算して載せている数字。

（解説）現在、財務諸表を作る時には貸借対照表、損益計算書に加えてキャッシュフロー計算書を作ることが標準となっている。世の大半の経営者、さらには財務経理担当者までもが、それが会計標準なので言われるがままに漫然と記載しているが、その意味することをわかっていないケースは多い。

上から順番に「営業キャッシュフロー」が本業の稼ぐ力を表し、その稼ぎに対してどれだけのキャッシュを投資に使ったのかが「投資キャッシュフロー」であり、本業の稼ぎを上回る投資を行った場合にどうやって資金調達したか（下回っている場合には余ったキャッシュ、すなわちフリーキャッシュフローをどうしたか）が「財務キャッシュフロー」に記載される。まさに経営の基本中の基本の「お金の循環の物語」が語られている。

だが、その根本がわかっていないので、低収益事業をたくさん抱えこみ、他社に比べて営業キャッシュフローが細っていても、すなわち大きな投資リスクを取れるエクイティ性の資金創出力で負けていても、会計上、黒字である限り切実な危機感を持てない。筆者の望月は会計士だが、自らの経験に照らして、キャッシュフロー計算書をこのような経営の物語として理解している会計士は必ずしも多くない。

「自己資本」：「自己」って誰よ？ Shareholders' Equityのこれまた世紀の大誤訳。この誤訳が日本企業の30年間にわたる大停滞の一因。

（解説）株式会社は法人であり、実在するいろいろなステークホルダーとの関係性で成り立っている法的な擬制である。だから人間的な意味での「自己」は存在しない。

会計上、バランスシートの右側は、左側の資産がステークホルダーの誰に帰属するかを表している。日本語で自己資本と言われる部分は、元々はShareholders' Equityすなわち株主資本である。株式会社のガバナンス構造は基本的に「所有と経営の分離」であり、経営者側から見れば株主も外部のステークホルダーなのでこれも「他人資本」なのだ。

だからShareholders' Equityを「自己資本」と呼ぶのはまったくの大誤訳。この大誤訳のせいで、日本の経営者の多くは「自分のカネなんだから煮ようと焼こうと自分で決められるし、借金と違ってその部分に費用、すなわち資本コストという概念はない」と思い込んできた。せいぜい配当がそれに相当すると考えてきた。

その結果、未来投資は金利をはるかに上回る然るべきリターンを生まなければならず、そのリターン、すなわち法的な返済義務のない潤沢なキャッシュフローを最大限叩き出すことで、その資金をDX時代のリスクの高いイノベーション投資に回す循環を作る意識が希薄になってしまった。

むしろ「長期成長のためには利益、すなわちリターンを犠牲にしていい」というトンチンカンなことを言い出す土壌になってしまった。これは明らかにこの30年間の日本企業衰退の一因である。

「内部留保」：複式簿記を理解していないと必ず誤解するこれまたビミョーな翻訳。しかし政治家、官僚、評論家のリテラシーの低さを明らかにした功績は大。

（解説）日本特有の議論として「日本企業はこんなにたくさん内部留保をため込んでいる」「それを投資や人件費とかで吐き出せば景気が良くなる」という類の話を政治家や官僚だけでなく経済評論家までもが展開する。経済人にも時々、同じようなことを言う人がいて目が点になる。

内部留保とは利益剰余金（原語はretained earnings）のことで、配当可能利益を留保して別の使い道に回したお金の残高であり、貸借対照表（B／S）の右側に表記される。そのお金の使途は複式簿記においてはその見合いで左側にエントリーされ、B／Sの資産項目のどこかに行っている。典型的には、設備投資やM＆Aで使われて、B／Sの左側には有形資産や無形資産（のれん）として表記され、それで余った部分だけが「内部」に現預金で積み上がっている。

つまり、内部留保が増えることは、すなわち内部に現預金を溜め込むことを意味しないのだ。超高収益企業であると同時に積極投資かつ高賃金企業でもあるアップルやマイクロソフトを調べてみたらいい。猛烈な内部留保が積み上がっている。

会計上、内部留保を吐き出す方法は大きく二つ。配当または株式の買い取り消却で株主に還元するか、赤字にして内部留保を取り崩すかである。残念ながら投資や人件費の話にはならないし、意図的に赤字にするなんて話は下手をすれば背任ものだ。あえて言えば内部留保見合いで貸借対照表の反対側に積み上がっている現預金が過剰な場合に、それをもっと有効に使え、という議論はあり得るが、内部留保を巡る議論はわが国の会計リテラシーの低さを明らかにしていることは間違いない。

経済活動を表現する数字の意味がわからなければ、そりゃあ経済は停滞するはず。プログラミングも大事だが、この際、簿記会計も大学入試の必修科目にしたほうがいいだろう。

「PDCA、OODA」：PDPD……、OOOO……いずれにせよ滅多に循環しない循環的経営手法。

（解説）　それぞれ、「Plan（計画）」「Do（実行）」「Check（評価）」「Action（改善）」という、どちらかと言うと生産現場の継続的な品質管理運動から出てきた経営手法と、「Observe（観察）」「Orient（判定）」「Decide（決断）」「Act（行動）」という、空中戦を展開中のパイロットのように最前線において超高速で次から次へと重大な意思決定を行う時に有効とされた意思決定ループから出てきた経営手法で、いずれも循環的な手法としていろいろな企業が使っている。

ざっくり言えばＰＤＣＡは環境が漸進的に変化し、ある程度の予測可能性があり改善仮説としての計画が立てやすい状況に、ＯＯＤＡは環境変化が激しく不可予測的な状況と相性がいい。ただ、いずれも現場よりのマネジメント手法であることから、これを戦略レベル、経営レベルに引き上げるほど機能不全を起こしやすい。

ＰＤＣＡはやたらPlanばかり繰り返すか、いいとこDoまで行ってもその結果評価までの時間が長くなり、いろいろな因子も入ってきてわけがわからなくなってCheckもActionも不能となり、やりっぱなしでまたPlanに戻るパターンが頻発する。最近、ＰＤＣＡサイクルの別名は「Plan（計画するが）」「Delay（遅延して）」「Cancel（諦めて）」「Apologize（謝る）」サイクルとなっているそうだ。

ＯＯＤＡも実はOrientとDecideにはその前提となる基準、意思決定のフレームワークとそれを身につけた判断者・決定者が必要なので、話が最前線から離れるほど基準が曖昧かつ関係因子が多数となり、たくさんの未熟な判断者・決定者が関わるため、ひたすらObserveの緻密化に工数を使い、Orientという名前の評論を繰り返すだけで、その先の決断に進まないことが多い。

詰まるところ、いずれも経営サイドの意思決定能力が相当に高くないと、事業レベル、全社レベルでは滅多に循環しない循環的経営手法になってしまう。

以上、真面目な経営学者や経営コンサルタントの方からは激怒されるかもしれないが、私たちも自らのキャリアを振り返ると、何度か悪魔の罠にはまったことのある「イタい言葉」たちであり、これまた自戒の辞典ということで勘弁してほしい。

読者の皆さんには同じような罠にはまることなく、ＤＸ経営において大きな成果を上げていただきたい。

終章

DX経営のゴール：企業も個人も空中戦力を実装せよ

ここまで、業務レベルであれ、事業レベルであれ、ＤＸ経営を進めるうえで「あるある」系のエピソードと、そこで罠に落ちないためのリアルなノウハウを紹介してきた。最後に少し俯瞰的な立場、よりマクロな視点から、企業として、個人としてＤＸ経営にどう臨むべきかという話をしよう。

❖ゲームチェンジャーとしてのＤＸ

すでに何度も指摘してきたが、ＤＸにはそのビジネスのゲームを大きく変えてしまう破壊性がある。今、自分たちが取り組んでいるＤＸが、あるいは自社の周辺で起こりつつあるＤＸが、業務改善レベルにとどまる話なのか、それとも産業構造、事業モデルを大きく変容させる破壊的なゲームチェンジャーになりそうか。常にアンテナを立てて感度を上げておく必要がある。

自分たちが対峙しているＤＸテーマがこのアンテナ、あるいはレーダー画像の中でどこに位置しているのかを意識しながら取り組んでいるかどうかで、経営全体としてのＤＸ経営の成果は大きく変わってくる。場合によっては会社や事業の運命の分かれ道にさえなり得る。

実際、ある会社が最初はちょっとした業務改善のために取り入れたIT技術が、業界構造を変えるようなゲームチェンジャーになった実例は過去にもたくさんある。古くは国鉄のマルスシステムも参考にしたというアメリカン航空のCRS（コンピュータリザーベーションシステム）がそうだったし、今やクラウドサービス型、SaaS型ビジネスモデルとして進化を続けるERPも、ネットフリックスのビジネスモデルも、コンピュータ技術やネットワーク技術の進化に合わせて業務や顧客サービスのDX的改善を追求した先にゲームチェンジが起きている。

❖ビジネスの世界における「制空権」（「ミルフィーユ」化）の時代の始まり

こうした鳥瞰《ちょうかん》的な視座の重要性からわかるように、今どきのDXが全産業的に進んでいくと、どんなビジネスにおいても、鳥たちが飛び交う空の上での戦い、すなわちサイバー空間でどんな戦いが展開されるのかという、空中戦的な領域における「制空権」を意識せざるを得なくなる。

例えばメーカーなら、今まではモノに関わる商品開発力を強化し、生産体制を整え、営業体制を持つ、すなわち地上戦力がしっかりしていればビジネスは成立した。しかし、例えばテレビ事業の場合、映像コンテンツを楽しむという付加価値連鎖において、顧客とメーカーの間にネットフリックスやアマゾンプライムのようなネット配信の有料サブスクプレーヤーがＤＸによって現れる。まさに空中戦レイヤーが価値連鎖の中に形成され、そこで制空権を握ったプレーヤーが最も有利に付加価値を取り込む産業構造になってしまうのだ。

ＤＸには多かれ少なかれ、こうした産業の多層構造化、レイヤー構造化を進める傾向がある。『ＤＸの思考法』（文藝春秋）の著者であり、元経産省商務情報政策局長で現在は東大の客員教授とＩＧＰＩのシニア・エグゼクティブ・フェローを兼任している西山圭太氏はそれを、「産業構造が縦型の三角形のピラミッド構造からお菓子のミルフィーユのような多層構造に変化する」と形容している。そこで上のレイヤーの一番美味しいところを取られる、すなわち誰かに制空権を取られると、その下で陸上戦力だけで努力しても報われないビジネスになってしまうことがある。

経営トップはもちろん現場のＤＸ担当者までが、「大空（サイバー空間）の様子、制空権を誰かに取られようとしているのではないか」「それが致命的な影響力を持つのではないか」「それを自ら取りにいくチャンスがないか」を常に意識することが極めて重要な時代になっている。

❖空中戦力の本質的な異質性

今のところ日本企業には、地上戦レイヤー、リアルレイヤーの戦いを得意とする会社が圧倒的に多い。そこで自らの事業領域に空中戦レイヤーが形成される可能性が高くなった時にうまく戦うには、何らかの形で「空軍力」を保有することが必要になる。

そこで、まずは空軍力モードのデジタル化力、ＤＸ力の本質を理解することが重要になる。

実際の軍事力を思い浮かべれば、最も集団的でヒエラルキー的に運用展開される陸軍的な世界、艦船単位で一糸乱れぬ集団オペレーションを行う海軍的な世界に比べ、空中で個々のパイロットが広範な選択肢の中から次から次へと重要な判断を行い、高度な技量でそれを自ら実行する空軍的な世界では、組織としても個人としても求められる能力が大きく異なることは容易に想像がつくだろう。さらに無人機の時代になると空中戦力の少なからずは卓越した個人の頭脳的技量の勝負、あるいはＡＩ的なデジタル技術力の勝負となり、伝統的な軍隊で求められた組織能力からはどんどん離れていく。

戦争の世界に航空戦力が本格的に登場したのは第一次世界大戦で、第二次世界大戦においては制空権が総力戦の帰趨を決めるほどの劇的な変容、トランスフォーメーションが起きている。そして現代においては、「空軍」という組織単位が当たり前に設置されるようになっている。背景に業務特性、運用特性、組織能力特性において、陸軍や海軍の一部という位置づけでは機能しない空軍の異質性があることは言うまでもない。

これは現代のビジネスの世界において空中戦的なDX力を考える時も同様である。近著『コーポレート・トランスフォーメーション』（文藝春秋）では、この違いをスポーツ種目における野球とサッカーくらいの違いにたとえ、いくら運動能力が高い、運動神経がいい人物が揃っていたとしても、野球に最適化した個人と組織がサッカー競技、それもプロフェッショナルな戦いの場に突っ込むのは自殺行為だという趣旨のことを書いた。

すなわち空中戦モードのデジタル化力の本質、そこで求められる組織能力（組織レベル、個人レベルの両方）の本質、現有組織能力との差異をよくよく掘り下げ、理解することが、そのDXバトルを自ら仕掛けるにしても、逆に他社の空爆に立ち向かうにしても、DX経営の大前提になるということだ。「彼を知り、己を知れば百戦殆《あや》うからず」……まさに孫子の兵法である。

このデジタル型空中戦力の本質について、本書ではあまり深入りしないが、その重要な要素である思考特性、発想特性についてだけひと言で定義すると「モノゴトを抽象化する能力」、もっとくだけた言い方をすると、「何につけ『そもそも論』で考え、観察し、個々の事象の背景にある普遍的、一般的・抽象的法則を帰納的に見出す能力」が必須になるということ……うーむ、くだけるどころかかえってだんだん難しくなってきたが、このテーマ、デジタル時代において空中戦力を機能させる思考法については、筆者（冨山）が共著的な解説をしている『ＤＸの思考法』において詳述しているので、関心のある方はぜひ一読をお勧めする。

❖どうやって空中戦力を装備するか？

地上戦力一辺倒で長年戦ってきた組織が、空中戦力を装備することは非常に難しい。機能的にも文化的にも大きなギャップがある。

例えばハードウェアの世界でソフトを扱う時には、いわゆる「組み込みソフト」の技術で特定の商品やサービスを実現するためにテーラーメード的に作り込む組織能力が重要になる。しかし、空中戦力としてのソフトウェア開発力はより高いレイヤーでの普遍的、標準的なアーキテクチャ発想力が求められる。これまた、同じソフトウェア開発でも野球選手とサッカー選手ほどの適性の違いがある。

さあどうするか？　簡単な答えはない。一つはっきりしていることは、自前主義を心の底から捨てることだ。本書でもオープンイノベーションの重要性とその難しさ、さらにはその乗り越え方について、いろいろな角度から述べてきた。

筆者の一人である望月は、ＩＧＰＩグループの中でオープンイノベーションについて最も多くの実践経験を持っているパートナーだが、そこで実感してきた日本企業の通底的病巣は、自前主義が「無意識」の次元まで浸透していることである。「本物のイノベーションは自前の発明からしか生まれない」とか、「生え抜きが経営でも技術でも中核を担うのが一流企業の証」みたいな思い込みは実に強烈で、それは事実として日本企業の経営トップや研究部門のトップの圧倒的多数が生え抜き人材であることに反映されている。

しかし、今どきＭ＆Ａであろうが、採用であろうが、空中戦力を獲得する手段はいくらでもある。空中戦力は必要だがそれが協調領域であり差別化要因にならない場合はアウトソースすればいい。あるいは空中戦を主業とするが、地上戦が苦手で自ら手を出さないタイプのデジタルプレーヤーがいれば、そこと協調・協業すればいい。最近、話題となった楽天と日本郵政の提携はこのパターンである。

ＩＧＰＩグループにおいて地方公共交通事業、まさに地上戦ビジネスを主業とするみちのりグループも、ＩＣカードから始まりバスロケーションサービス、ダイナミックルーティング、レベル４自動運転へと、時代時代の最先端の技術を持つデジタルプレーヤーと連携することで必要な空中戦力を確保している。

とにかく、したたかに柔軟にすばしこく空中戦力を手に入れるべし、である。

❖「陸海空連動時代」の会社とは？　経営とは？　人材とは？

こうしてみると、陸海空軍を連動して戦う時代になると、経営も人材も、そして個々人の働き方、生き方も、大きく変容、まさにトランスフォーメーションしていかざるを得ないのは自明である。

詳細は筆者（冨山）の近著に譲るが、ここでのキーワードは「多様性」と「流動性」に尽きる。従来型の事業部、あるいは開発、生産、営業など閉じた組織単位で既存事業のオペレーショナルな仕事をしている世界が陸軍とすれば、その間を繋ぐサプライチェーンマネジメント的な業務が海軍、そしてサイバー空間で事業や機能をまたいだ横のレイヤー構造で様々な活動をするメンバーが空軍みたいなものだ。さらには、事業開発の最前線で3軍機能をコンパクトに一体運用する海兵隊的な部隊も必要となる。また、ある時はよその国（企業、ベンチャー、大学……）の戦力、最新の宇宙戦力やサイバー戦力を機動的に借りなくてはならない。

それぞれに行動原理、組織文化、スキルセットが異なる集団を抱える以上、組織人事体系は多元化させるしかない。技術やビジネスモデルの変化に応じて部隊編成も装備も迅速に変えていかざるを得ない。外部で次々と起こるイノベーションの果実を取り込むためには、組織は開かれ、外とのインターフェースがスムーズに取れる仕組みでなくてはならない。

その一方で多様な人材・集団を、多元的な人事体系の元で、一つの経営目的に向かって持続的に機能させるには、より高い次元で組織全体が共感できる理念やビジョンを提示することも経営リーダーの重要な役割となる。この役割を果たす難度が、同質的な年功ヒエラルキー組織と比べて飛躍的に上がることは明らかだろう。

とにかく新卒一括採用で終身年功制の社員が圧倒的多数派かつ主流派、すなわち40年に一回しか人材が入れ替わらない、同質的で流動性の低い閉じた会社と、その優等生構成員の延長線上のリーダーでは戦いようがないのだ。

❖DXに取り組む手順のリアル・ノウハウ

最後に全体のまとめとして、DXに取り組むリアルな手順について整理しておこう。

1　自社を巡るDX全体動向の把握と共有とモニタリング（常時）
自社の事業を巡っていかなるDXが進行しているのか、それが業務レベル、戦略レベル、事業モデルレベルでどんなインパクトを及ぼし得るのかを定常的に把握し、全社的に認識を共有、アップデートを継続する。

2　取り組むべきDX課題の位置づけ・評価づけとモニタリング（常時）
様々なDX課題について、どの課題をどの次元（業務改善・改革レベル、戦略転換レベル、産業構造と事業モデル転換レベル）のものとして位置づけて取り組むのかを評価、設定し、かつ社内外の状況に応じて随時アップデートする。

3　業務改革的DXの遂行（短期）

4　戦略転換的DXの遂行（中期）

5　事業モデル転換的DXの遂行

新規事業開発（短中期）

既存事業モデル転換（中長期）

3～5は前章までに詳述。

6　組織能力変革への着手・遂行（短期～長期～常時）

あらゆるレベルでのDX経営を有効に機能させるうえで不可欠となる多様な組織能力の獲得・強化、組織能力自体の変容力・流動性の向上を目指す方途を整理し、ただちに始動し、継続的に遂行する。

7　意思決定メカニズム変革の着手・遂行（中長期）

DXが最も厳しく求める組織能力の変容は、経営レベルでの意思決定能力である。そこで、何よりもまず、経営権の最高機関である取締役会における意思決定のあり方、すなわちガバナンス改革を進めなければならない。

自社の業務経験ではカバーできない多様な経営経験を有し、社内的な軋轢《あつれき》も生まれやすいダイナミックでリスクを伴う鮮烈な意思決定がタイムリーにできる取締役会構成を多少の時間をかけてでも実現する。

並行して執行レベルの意思決定メカニズムの中に、アジェンダの性格に応じて非コンセンサス型のトップダウン意思決定を行える仕組みとそれに耐えるリーダー人材をビルトインしていく。リーダー人材、リーダー候補人材について、中途採用者を含めた多様化、流動化を進めることは最大限急いだほうがいい。そしてリーダー人材育成については、不振事業や不祥事処理の修羅場や激しいイノベーション領域でのタフアサインメント経験を積ませる（or社外で積んでいる）ことを基本条件にしていく。

以上の手順、特に1から5まではＤＸに関わるすべての人々が意識を共有、すなわち全員がＤＸ経営マインドを持って遂行していく必要がある。言い換えればＤＸ経営はフラットでダイナミックでネットワーク的な経営モデルへのＣＸそのものとなる。6、7はＤＸ経営力の長期的な人材基盤作りの部分だが、ここではやはりトップ経営層が本気で長期的なコミットメントを行う必要がある。

さて、読者の皆さんには、本書を通じて少しでもＤＸおよびＤＸ経営のリアルな手触り感をつかんでいただけただろうか。詰まるところ、企業は人なり、ＤＸ経営も人なりなのだ。皆さんの一人ひとりがＤＸ時代に適応して必要な変容を遂行していくことが、あらゆる次元でのＤＸの成功のカギとなる。

私たちＩＧＰＩグループのプロフェッショナルは、ガチンコでそんな変容に挑む皆さんと、いろいろな場所や機会でＤＸ経営のリアルチャレンジをご一緒できることを楽しみにしている。

PHP
Business Shinsho

冨山和彦（とやま・かずひこ）
経営共創基盤（ＩＧＰＩ）グループ会長。
1960年生まれ。東京大学法学部卒。在学中に司法試験合格。スタンフォード大学経営学修士（ＭＢＡ）。ボストンコンサルティンググループ、コーポレイトディレクション代表取締役を経て、産業再生機構ＣＯＯに就任。カネボウなどを再建。解散後の2007年、ＩＧＰＩを設立し代表取締役ＣＥＯに就任。数多くの企業の経営改革や成長支援に携わる。2020年10月より現職。同年12月、地方創生を目的とした投資・事業経営会社「日本共創プラットフォーム」（ＪＰｉＸ）設立を発表、代表取締役社長に就任。パナソニック社外取締役。
『コロナショック・サバイバル』『コーポレート・トランスフォーメーション』（以上、文藝春秋）、『リーダーの「挫折力」』『ＩＧＰＩ流　経営分析のリアル・ノウハウ』（ＰＨＰ研究所）など著書多数。

望月愛子（もちづき・あいこ）
経営共創基盤（ＩＧＰＩ）共同経営者（パートナー）　取締役CFO　マネージングディレクター。
早稲田大学政治経済学部卒、公認会計士。中央青山監査法人にて監査業務に従事。IGPI参画後は、大手企業の事業ポートフォリオ見直し及び新規事業創出に関わる戦略立案～実行サポート、デューデリジェンス、M&Aアドバイザリー等に携わる。近年はCVCの立ち上げ及び運用に関するアドバイスやオープンイノベーションに関わる組織設計も数多く手掛けるとともに、IT領域から科学技術系テクノロジー領域まで、幅広い領域のベンチャーを立ち上げ時期からEXITまで数多く支援。
IGPIテクノロジー代表取締役CEO、名古屋工業大学共創基盤（NITEP）取締役、ユーグレナ社外取締役。

本文デザイン：齋藤稔（株式会社ジーラム）
装幀写真：長谷川博一（冨山氏）

PHPビジネス新書 426

IGPI流
DXのリアル・ノウハウ

2021年7月13日　第1版第1刷発行

著　　者　冨山和彦
　　　　　望月愛子
発行者　後藤淳一
発行所　株式会社PHP研究所
東京本部　〒135-8137　江東区豊洲5-6-52
第二制作部　☎03-3520-9619（編集）
普及部　☎03-3520-9630（販売）
京都本部　〒601-8411　京都市南区西九条北ノ内町11
PHP INTERFACE　https://www.php.co.jp/
装　　幀　齋藤　稔（株式会社ジーラム）
組　　版　株式会社ウエル・プランニング
印刷所　株式会社光邦
製本所　東京美術紙工協業組合

ISBN 978-4-569-84851-8

「PHPビジネス新書」発刊にあたって

わからないことがあったら「インターネット」で何でも一発で調べられる時代。本という形でビジネスの知識を提供することに何の意味があるのか……その一つの答えとして「**血の通った実務書**」というコンセプトを提案させていただくのが本シリーズです。

経営知識やスキルといった、誰が語っても同じに思えるものでも、ビジネス界の第一線で活躍する人の語る言葉には、独特の迫力があります。そんな、「**現場を知る人が本音で語る**」知識を、ビジネスのあらゆる分野においてご提供していきたいと思っております。

本シリーズのシンボルマークは、理屈よりも実用性を重んじた古代ローマ人のイメージです。彼らが残した知識のように、本書の内容が永きにわたって皆様のビジネスのお役に立ち続けることを願っております。

二〇〇六年四月

PHP研究所